NOTICE

HISTORIQUE

SUR S. PIAT.

A Chartres, de l'Imprimerie de Durand-Le Tellier,
rue Serpente, N.° 8.

NOTICE
HISTORIQUE
SUR S. PIAT,

APÔTRE DE TOURNAY ET MARTYR,

Conservé depuis près de mille ans en l'Eglise Cathédrale
de N. D. de Chartres,

INHUMÉ EN 1793, ET EXHUMÉ EN 1816;

SUIVIE

D'un extrait du catalogue des Reliques de cette Eglise;
des procès-verbaux qui ont été rédigés au mois d'Août
1816, et autres pièces justificatives;

DÉDIÉE

A M. le COMTE DE BRETEUIL, Maître des Requêtes,
Chevalier de l'Ordre Royal de la Légion d'Honneur,
PRÉFET d'Eure et Loir;

Par M. HÉRISSON, Avocat.

A CHARTRES,
CHEZ HERVÉ, LIBRAIRE, RUE DU CHEVAL-BLANC;

A PARIS,
CHEZ PICARD-DUBOIS, LIBRAIRE, QUAI DES AUGUSTINS.

M. DCCC. XVI.

Monsieur le Comte,

Le peuple chartrain vous doit la
précieuse découverte des Reliques
de S. Piat. Depuis long-temps il
l'invoquait dans le silence de sa dou-
leur. Vous les avez rendues à la piété
et à la vénération des fidèles, qui se
sont empressés de venir solliciter l'intercession de ce saint Martyr dans
l'ancien temple auquel il est restitué.

Votre amour et votre respect pour
la religion se sont montrés avec éclat
dans cette imposante circonstance et
dans la pieuse recherche qui a été
couronnée du plus heureux succès.
La notice sur S. Plat, que vous avez
désirée, ne peut paraître que sous
vos auspices. Daignez, Monsieur le
Comte, en agréer l'hommage et l'ac-
cueillir avec bienveillance.

Je suis avec un profond respect,

Monsieur le Comte,

Votre très-humble et très-
obéissant serviteur,

HÉRISSON, Avocat.

TABLE

* Hist. de l'abbaye de St.-Père de Chartres, mss. in-fol.

Hist. des auteurs ecclésiastiq. par D. Ceillier. Tom. 22, p. 307 — 308.

— littéraire de Fr. par les Bénédictins. Tom. 5, p. 595.... 623.... Tom. 12, p. 279 — 288.

* Inventaire des Reliques de l'Egl. de Chartres fait en 1683, revu et collationné en 1726, in-4.° mss.

Inventaire des titres du trésor du chapitre de Chartres, in-4.° mss.

Legendæ Sanctorum (ad usum Eccles. carnot.) xj et xv sæc. mss. in-fol. max.

Joan. Launoii varia de duobus Dionysiis opuscula. Par. 1660, in-8.°

* Mandemens des évêq. et chap. de Chartres, in-fol.

Martyrologium Ecclés. carnot. mss. vetus. xj sæc. in-fol. max.

Missale carnot. mss. xiv sæc. plur. exempl. *seu* vol.

Missale carnot. typis mandatum annis 1482, 1511, 1529, 1537, 1552, 1560, 1624, 1669, 1783, in-fol.

Molanus, Natales Sanctor. Belgii. Duaci, 1616, in-8.°, p. 200.

Idem. Indiculus SS. Belgii. Antuerp., 1583, in-8.°, fol. 56.

* Pintard, hist. de Chartres, in-fol. mss.

Ribadeneira, vies des SS. Paris, 166 , in-fol, vol. 2, p. 295.

Rituale S. Carauni (St.-Cheron près Chartres), in-4.°, mss. x sæc.

* Rouillard, Parthénie. Paris, 1609, in-8.°, fol. 179, v.°, et suiv.

* Souchet, hist. de Chartres, in-fol. mss.

Usuardi Martyrologium, operâ Molani. Antuerp. 1583, in-8.°

Et autres manuscrits et imprimés.

NOTICE HISTORIQUE

SUR S. PIAT,

APOTRE DE TOURNAY ET MARTYR,

Conservé en l'Eglise Cathédrale de N. D. de Chartres
depuis près de mille ans,

INHUMÉ EN 1793, ET EXHUMÉ EN 1816.

L'ÉGLISE CATHÉDRALE de Chartres, dont l'origine
et l'établissement remontent aux premiers siècles
de la chrétienté, se glorifiait de posséder un grand
nombre de reliques et de restes précieux des glorieux martyrs de la foi de J. C. Au nombre de ces
monumens célèbres de la piété des premiers fidèles,
était entr'autres le corps *entier* de S. Piat, victime
de la persécution de Dioclétien et de Maximien,
qui, de toutes celles qui ont ravagé l'église chré-
tienne, fut la plus cruelle et la plus atroce.

Ces deux tyrans avaient sous leurs ordres diffé-
rentes légions, dont l'une connue sous le nom de
Légion thébaine ou *thébéenne*, commandée par
S. Maurice, n'était composée que de chrétiens.

Dioclétien et Maximien voulurent les faire sacrifier
à leurs idoles. Ces généreux confesseurs de la foi
refusèrent d'obéir aux ordres de ces tyrans, et pré-
férèrent de souffrir le martyre. Les historiens fixent

*Encyclop. mé-
thod. théol. tom.
2, p. 420.*

à l'an 302 de J. C. le supplice de ces honorables victimes.

En ces temps affreux, la persécution ne fut pas seulement appesantie et concentrée sur la légion thébaine; tous les pays soumis à la domination de Dioclétien et de Maximien furent enveloppés dans la même proscription. Par-tout les églises furent détruites, les autels renversés, les chrétiens massacrés, les corps saints profanés et anéantis, les livres contenant les actes des martyrs, les liturgies et l'écriture sainte, devinrent la proie des flammes, et tout, jusqu'au nom chrétien, devait être anéanti. Eusèbe, Orose et plusieurs autres, nous ont conservé les preuves qui attestent cette immense persécution.

La Gaule belgique, à cette désastreuse époque, était gouvernée par *Rictiovarus*, ministre de ces tyrans. Il ajouta encore à leurs ordres sanguinaires, en multipliant le nombre des victimes qu'il immola à sa férocité.

Ce fut pendant cette longue et cruelle persécution que Rome vit sortir de ses murs une infinité de chrétiens qui se rendirent dans les Gaules pour y prêcher l'évangile.

S. Denis, apôtre de la France, est regardé comme le chef de ces saints missionnaires. Il avait pour disciples S. Quentin, S. Piat, S. Lucien et autres, qui signalèrent leur mission par la fondation des églises de Picardie, de Beauvais, de Tournay.

S. Piat, né à Bénévent, au pays des Samnites, fut choisi pour porter les lumières de l'évangile à Tournay, capitale des Nerviens, où bientôt il devait recevoir la couronne du martyre.

En traversant les Gaules, S. Piat passa par Chartres, sous l'épiscopat de Castor. Il y prêcha l'évan-

Bibliograp. de Michaud, tom. II, pag. 114, et autres auteurs.

Sauchet, p. 58.

gile, et se rendit ensuite à Tournay, accompagné de S. Chrysolius, qui avec lui reçut les honneurs du martyre, et dont la fête se célèbre le 7 de Février.

Molanus.

Il avait été ordonné prêtre à Rome avant de recevoir sa mission.

Breviarium carnot.

Son zèle se développa dans Tournay. Il y substitua le culte du vrai Dieu à celui des idoles. Le nombre des chrétiens s'augmentait avec rapidité, malgré la persécution qui les poursuivait.

Rictiovarus voulut arrêter les progrès de l'éloquence du saint apôtre. Ses soldats poursuivaient avec acharnement les fidèles disciples de S. Piat; leur mort, loin de ralentir son courage, augmentait son ardeur. Rictiovarus le fit arrêter, et, après lui avoir fait souffrir les plus cruels tourmens, lui fit couper la tête.

Usuard, en son martyrologe, fixe le martyre de S. Piat au 1.ᵉʳ Octobre.

Butler, ou plutôt Godescard son traducteur, dit que ce fut vers 286;

Et Baillet dit que ce fut vers 287.

D'autres, tels que Dubois en son histoire ecclésiastique de Paris, chap. 6, le placent en 297 ou 298, et d'autres, vers 302. Baronius, tom. 2, p. 780, le reporte à l'an 303; Bucherius, en son *Belgium romanum*, lib. 7, p. 230, le met en l'an 304.

Gallia christ. tom. 3, col. 208.

Ces deux dernières opinions paraissent être les plus véridiques ou les plus probables, si l'on considère que c'est en ces années que la persécution de Maximien s'appesantit avec le plus de cruauté sur les chrétiens dans les Gaules.

Au reste, quelle que soit l'époque fixe du martyre de S. Piat, tous ces auteurs s'accordent à le rapporter sous le règne de Maximien, qui fut le plus implacable ennemi du nom chrétien.

Le corps de S. Piat resta caché à Siclin, petite ville située à 4 lieues de Tournay, dans laquelle on croit qu'il a souffert le martyre. Il y fut découvert dans le 7.e siècle par S. Eloi, évêque de Noyon et de Tournay, ainsi que l'atteste S. Ouen dans la vie de ce saint évêque. Il dit que S. Eloi trouva dans son tombeau de grands clous qu'il montra au peuple comme un témoignage de son martyre. Il ajoute que S. Eloi déposa le corps de S. Piat dans une châsse qu'il orna d'or, d'argent et de pierreries.

Dachery, Spicileg., tom. 5, p. 202, 184.

Cette vie de S. Eloi paraît être le plus ancien monument qui nous ait transmis le martyre de S. Piat; mais S. Ouen ne donne aucuns détails sur la vie de ce saint.

Heriman, moine et abbé de S.-Martin de Tournay, qui vivait dans le 12.e siècle, s'étend davantage sur S. Piat, dans sa narration de la restauration de l'abbaye de St.-Martin de Tournay. En disant que S. Eloi érigea un mausolée à S. Piat dans Siclin, il nous apprend qu'il augmenta l'église que les Sicliniens avaient élevée en l'honneur de S. Piat depuis son martyre, et qu'il y établit des clercs ou chanoines pour y célébrer l'office divin. (Cette collégiale existait encore à l'époque de la révolution).

Dachery, Spicileg., tom. 12, pag. 358, 407 et suiv.

Remontant ensuite aux premiers temps de l'apostolat de S. Piat, Heriman nous apprend que ce fut vers l'an 300 de J. C. que le saint martyr prêcha la foi dans la ville de Tournay.

Alors commençait à cesser la cruelle persécution que Dioclétien exerça dans l'Orient, tandis que Maximien-Hercule en étendait les ravages dans l'Occident, et dans laquelle S. Piat reçut les palmes du martyre.

La paix et la tranquillité qui suivirent cette horrible persécution, furent troublées par l'invasion des Normans, que Heriman reporte à l'an 881. Tournay fut une des victimes de leur fureur. Tout y fut détruit, et la ville devint déserte. Sigebert, moine de Gemblou, et un autre moine anonyme de Marchiennes, qui avaient recueilli les mêmes détails dans leurs chroniques, sont invoqués et cités par Heriman.

Ce fut pendant cette persécution des Normans, que le bienheureux S. Piat fut apporté à Chartres, où il avait prêché la foi, avant de se rendre à Tournay. Heriman ajoute que jusqu'au moment où il écrivait, une très-grande question était agitée, parce que les Sicliniens disaient *(dicentibus)* que le corps de S. Piat avait été reporté *(relatum)* au lieu de son martyre, tandis que les Chartrains au contraire affirmaient *(affirmantibus è contràrio)* qu'il était conservé chez eux jusqu'à ce jour *(usque in præsentem diem apud se reservari)*; ajoutant qu'il faut avouer que l'on tient par tradition des anciens *(majoribus nostris)* que le corps ayant été reporté à Siclin, on *doit croire* qu'il en est resté quelque partie (à Chartres); *pars aliquà ibi credenda sit remansisse.*

Molanus, en son *Indiculus Sanctorum Belgii,* donne sur S. Piat les mêmes faits que nous venons de rapporter. « *Milites enim, eum persequentes,* » *primùm socios ipsius gladiis occiderunt; cùmque* » *eum viderunt sociorum nece non moveri; sed* » *constanter Dei gloriam prædicare, unus eva-* « *ginato gladio caput pretiosum abscidit* ». Ainsi, d'après Molanus, Saint Piat vit martyriser ses compagnons; et les soldats irrités de ce que leur mort, loin de l'effrayer, augmentait encore l'ardeur et le courage avec lesquels il prêchait la foi de J. C., le poursuivaient, lorsque l'un d'entr'eux lui trancha la tête d'un coup de sabre,

Duchesne, hist. de France, 1.re édition, tom. 2, p. 327, indique l'an 880.

Dans sa chronique des SS. de la Belgique, Molanus ajoute que S. Piat et S. Chrysolius se dirigèrent sur Tournay où ils furent martyrisés ; que S. Piat fut inhumé à Siclin, et S. Chrysolius (1) à Comine sur la Lys.

Quelques auteurs avaient fait S. Piat évêque de Tournay ; mais cette erreur a été reconnue. Il est certain que S. Piat était prêtre, et qu'il est révéré comme l'apôtre de Tournay, parce qu'il y annonça l'évangile du temps de Dioclétien, et lorsque Tournay était encore plongé dans les ténèbres du paganisme.

Gallia christ. tom. 3, p. 208.

Délices des Pays-Bas, tom. 3, p. 142.

S. Piat fut aussi un des compagnons de S. Denis. Le docteur Launoi, dans ses dissertations sur les deux saints Denis, a démontré ce fait avec la plus grande évidence, et le prouve par le témoignage d'Usuard, les martyrologes des églises de Paris, de St.-Germain-des-Prés, de Tours, Soissons et autres, les calendriers de diverses églises, notamment celui d'un missel de Chartres, manus. de l'an 1409, qui était conservé dans l'église de Paris.

Etant certain que S. Piat a été l'un des compagnons de S. Denis, qu'il l'a accompagné en France, qu'il a prêché à Chartres sous l'épiscopat de Castor, 9.e évêque ; que de là il s'est transporté à Tournay, qu'il y a souffert le martyre, et qu'avant que S. Eloi en eût fait la translation, une église avait été édifiée

---

V. Bollandus, Febr., vol. 2, p. 9-13.

(1) En parlant de S. Chrysolius, dont la fête se célèbre le 7 Février, nous devons observer que quelques auteurs, notamment Ribadeneira, ont attribué à S. Piat une particularité du martyre de S. Chrysolius. Ils ont dit que S. Piat avait eu le sommet de la tête coupé : c'est une erreur. Molanus, en ses *Natales SS. Belgii*, parlant du martyre de S. Chrysolius, dit...... *coronæ et verticis amissione martyr occubuit.* Cela suffit pour faire voir que cette circonstance n'appartient qu'à S. Chrysolius, et non pas à S. Piat.

à Siclin en l'honneur de S. Piat ; il est certain que ce saint martyr était honoré et révéré par un culte public ; car on trouve aussi qu'à Tournay il existait une paroisse sous l'invocation de S. Piat.

Ce saint était également honoré et révéré par un culte public dans l'église de Chartres qui conservait ses saintes reliques depuis le temps où les Sicliniens les apportèrent à Chartres.

Heriman , qui écrivait deux ou trois siècles après l'incursion des Normans , nous donne comme un fait certain, que déjà nous avons annoncé, que S. Piat fut apporté à Chartres lors de la persécution dont ces Normans frappèrent la France.

J. B. Souchet , l'un des plus anciens et des plus savans historiens de la ville de Chartres , en disant que ceux de Siclin transportèrent à Chartres le corps de S. Piat qu'ils avaient auparavant déposé en la ville de St.-Omer , place ce fait sous l'évêque Girard qui tint le siége de Chartres depuis 879 jusqu'en 884. *Manus. autographe, p. 161.*

C'est depuis cette époque que S. Piat reçut aussi l'hommage d'un culte public dans le diocèse de Chartres.

Il existe à trois lieues de Chartres un village qui porte le nom de Saint-Piat , et dont l'église est sous l'invocation de ce saint. Ce village a pris ce nom peu après que les Sicliniens eurent apporté à Chartres le corps de ce bienheureux martyr. Car il existait dans les archives du chap. de Chartres une vendition faite au chap. de Chartres de 102 sols de cens et 14 setiers d'avoine à S. Piat , sous le scel de la chambre épiscopale, l'an 1332 , au mois de Mai. *Inventaire du trésor.*

Dans le siècle suivant, une chapelle fut bâtie en son honneur dans l'église cathédrale de Chartres. Elle est située au rond-point de cette antique basilique ,

Gallia christ.,
tom. 8.

Souchet, p. 351.

et fut édifiée par le chapitre sur le lieu ordinaire où il tenait ses séances. Aimery de Chalus (ou de Chatelus), 82.e évêque, qui siégea depuis 1331 jusqu'à 1341, et devenu depuis cardinal du titre de St.-Silvestre et de St.-Etienne-des-Monts, décédé le 6 ou 7 Janvier 1350, fit donation au chapitre de Chartres, le 16 Mai 1349, de douze mille florins d'or de Florence, pour la fondation de douze chanoines, savoir : huit prêtres, deux diacres et autant de sous-diacres, en la chapelle de S. Piat de nouveau édifiée.

Mais avant ces deux monumens, la fête de S. Piat était déjà célébrée dans l'église et dans le diocèse de Chartres.

On trouve dans les œuvres de Saint Fulbert, 60.e évêque, qui siégea depuis 1007 jusqu'à 1028, une hymne qu'il composa en l'honneur de S. Piat.

Fol. 172, v.

On y lit « que S. Piat vint en France avec S. Denis, » et qu'il se dirigea vers Tournay, lorsque S. Denis » s'avança vers Paris, et qu'il fut martyrisé par » les ordres de Maximien ».

Un rituel de l'abbaye de St.-Cheron, mss. du 11.e siècle, indique l'office de S. Piat, et annonce qu'il était à 9 leçons.

Un martyrologe de l'église de Chartres, mss. du 11.e ou 12.e siècle, offre *la passion de S. Piat* (1), qui contient tous les détails de sa vie, de son martyre et de son transport à Chartres, avec une fidélité scrupuleuse et dégagée de tout le merveilleux dont les légendaires d'alors ornaient leurs narrations.

Cette passion de S. Piat se rencontre encore dans deux recueils mss. de légendes à l'usage de l'église de

---

(1) On nommait *passion* les actes ou vies des martyrs, et *vies* les actes des autres saints.

Chartres,

Chartres, dont l'un est du 12.ᵉ siècle, et l'autre appartient au 15.ᵉ

On voit l'office de S. Piat au 1.ᵉʳ Octobre dans des missels et bréviaires de l'église de Chartres, mss. des 13, 14 et 15.ᵉ siècles.

Dans presque tous on faisait, le même jour, seulement mémoires des SS. Rémi, Germain, Wast et Bavon.

Un missel de Chartres, imprimé à Chartres même en 1482, en présente l'office. D'autres, imprimés en 1511, 1529, 1537, 1552, 1560, contiennent aussi l'office de S. Piat avec une prose particulière, différente de celle de S. Fulbert, qui n'est plus employée dans les missels de 1624, 1669 et 1783, lesquels ne donnent que l'office propre du jour.

Le bréviaire de Chartres imprimé en 1661 marque aussi au 1.ᵉʳ Octobre la fête de S. Piat, et en contient l'office. On lit dans les 4.ᵉ, 5.ᵉ et 6.ᵉ leçons des matines la légende de ce saint. La 6.ᵉ annonce que le corps est encore *entier (adhuc integrum)*, et qu'il s'y voit une cicatrice *(non obductâ cicatrice)*, et elle finit en disant que dans tout le pays chartrain ce saint martyr est invoqué contre les pluies et les intempéries de l'air.

Dans le nouveau bréviaire de 1783, la fête de S. Piat est également indiquée au 1.ᵉʳ Octobre, comme double-majeur, et comme solennel-mineur dans la cathédrale. Les leçons 3, 4 et 5, composées d'après Molanus, Launoy, et les mss. de l'église de Chartres, contiennent également la légende de notre saint, que l'église de Chartres se glorifie de posséder depuis sept siècles (leçon 5). La protection de S. Piat est attestée dans la 6.ᵉ, et on lit que depuis le 13.ᵉ siècle la châsse de ce saint a été

2

ouverte 9 fois , sans que l'on ait trouvé aucun changement dans le corps *entier* du saint martyr, ainsi qu'il est prouvé par les authentiques des 9 évêques qui l'ont vérifié.

Outre ce culte public, S. Piat était encore invoqué dans les calamités, où des pluies continuelles menaçaient les récoltes d'une destruction alarmante. Les habitans de tout l'ancien diocèse de Chartres réclamaient sa protection ; des prières publiques étaient ordonnées , et l'exposition des reliques de ce saint martyr se faisait en vertu des mandemens des évêques , ou du chapitre , le siége vacant (1).

Le génie de la destruction qui a plané sur notre ville , et s'y est arrêté dans ces temps d'affreuse mémoire , où l'on renouvelait toutes les persécutions anciennes , ne nous permet pas d'offrir à l'édification des fidèles et à l'érudition des savans les procès-verbaux qui attestaient l'intégrité du corps de S. Piat ; ils ont été la proie des flammes en 1793 , et avec eux ont disparu les anciennes chroniques, ornement des archives du chapitre de Chartres. Nos recherches nous ont seulement fait connaître quelques-unes des époques auxquelles S. Piat a été offert publiquement à la vénération du peuple chartrain.

La plus ancienne ouverture de la châsse de S. Piat remonte à l'année 1243 , suivant un inventaire des

---

(1) Les paroisses de Chartres , de la banlieue et des campagnes , qui se rendaient processionnellement à la cathédrale pour y invoquer S. Piat, se rendaient aussi en grande partie en l'église de l'abbaye de St.-Père , où étaient conservées les reliques de Sainte Solenne , vierge , qui souffrit le martyre dans la ville de Chartres , et dont la fête se célébrait le 17 Octobre. (V. Dusaulsay en son martyrologe). On invoquait également cette sainte dans les calamités publiques. V. hist. mss. de l'abb. de St.-Père.

reliques du trésor de l'église de Chartres, fait en
1682, et collationné en 1726, lequel nous apprend
« que la chàsse a 6 pieds de long sur 19 pouces
» de large et 23 de hauteur. Le corps de S. Piat,
» martyr et apôtre de Tournay en Flandres, est
» dedans...... C'est une très-belle relique pour se
» conserver d'elle-même *en son entier*, et pour le
» secours qu'on en reçoit dans le pays pour obtenir,
» par l'intercession de ce saint, du beau temps
» dans les besoins ; car ce précieux corps se trouve
» aussi beau et aussi frais que si les bourreaux ne
» venaient que de lui trancher la tète, comme
» toutes les attestations des rois, des reines, des
» cardinaux et autres grands seigneurs qui l'ont
» vu en font foy..... Sa tète est si bien rejointe au
» corps, qu'il n'y paroît qu'une simple cicatrice.... »

La seconde eut lieu en 1310, et fut faite par
l'évêque Jean de Garlande, 81.ᵉ évêque, qui siégea
de 1297 à 1315. Souchet nous a conservé ce fait,
et nous l'a exprimé ainsi : « Le 1.ᵉʳ jour d'Octobre
» de la même année (1310) (1), jour de la fête de
» S. Piat, Jean (de Garlande), notre prélat, ouvrit
» la chàsse de ce saint, dans laquelle le corps d'icelui
» fut trouvé tout entier, hormis que la tète étoit
» séparée du corps. Cette ouverture fut faite en
» présence de *Thibaut*, doyen, *Gilles*, archidiacre
» de Vendôme, *Pierre de Rochefort*, *Pierre de*
» *Crespieres*, *Regnaud de Broce* (ou Broue), *Geof-*
» *froi de Joigni*, *Guillaume d'Ordon*, *Jean de*
» *Ricti*, *Raoul de Mante*, *Raoul de Chenrieres*,
» et *Richard de Havessetour*, tous chanoines de
» Chartres ; et le mardi suivant, heure de la messe

*Mass. de mon
cabinet*, *p*. 154.

(Sous l'épis-
copat d'Alberic
ou Aubry-le-
Cornu).

Souchet, *p*. 332.

Pintard, *p*. 311.

____

(1) C'était un jeudi, et le mardi dont parle Souchet était
le 6.ᵉ jour d'Octobre. V. l'art de vérifier les dates, p. 120.

» de Notre-Dame (qui se dit à huit heures), le corps
» dudit martyr fut *veu* tout *entier* et sans qu'il y
» eût rien de gâté, présens lesdits *doyen*, *de la*
» *Broce* et *d'Ordon*, et encore de Conrad de Milan,
» Landulphe de la Colonne, aussi chanoines de
» Chartres ». (1)

Souchet, p. 439.

Souchet nous apprend encore qu'en 1519 le chapitre « entreprit de couvrir d'argent la châsse de
» S. Piat ; que le roi Louis XII avoit eu dessein
» de le faire, et avoit à cet effet donné 2,000 l.
» paiables en 5 années. Plusieurs y contribuèrent.
» Jean Jacquin, abbé régulier de St.-Jean-en-
» Vallée, y donna 100 l..... Le chapitre en fit le
» marché avec Jean Levassor, orfévre de Paris ;
» mais pour ce que la peste régna à Chartres... on
» ne put rien faire. On avoit renoué le dessein,
» arrêté...... et passé le marché ; mais étant survenu
» que le roi demanda de l'argent pour l'amortis-
» sement des terres acquises par le chapitre..... on
» fut contraint de bailler tout ce qu'il y avoit de
» fonds, et ainsi tout l'ouvrage cessa..... »

P. 439.

Le lundi 18 Février 1521, suivant l'usage de
compter d'à présent, « ou 1520, suivant l'ancien
» usage, la châsse de S. Piat fut ouverte, où le
» corps du saint fut *veu tout entier* et sans aucune
» corruption, ayant seulement la tête séparée d'avec
» le corps......

» Le cardinal de Bourbon (Louis, évêque du
» Mans), étoit venu à Chartres le 24 Mars..... Il
» officia le lendemain à la fête de l'Annonciation.....
» et après la messe on lui montra la châsse de

---

(1) Gallia christ. tom. 8, col. 1170 : *Corpus S. Piati martyris
elevavit anno* 1310. -- Col. 1203 : *Theobaldus d'Aülnai (decanus)
præsens astitit elevationi S. Piati martyris. Cal. Octob.* 1310.

» S. Piat, à la couverture de laquelle on vouloit
» recommencer à travailler. Désirant y contribuer,
» il en écrivit au pape Léon X, pour avoir des
» indulgences pour ceux qui y contribueroient de
» leurs biens...... Souchet nous a conservé la lettre
» de ce cardinal, qui lui avoit été communiquée
» par Jean Marquet, théologal de Chartres, qui
» l'avoit eue de M. d'Y, doct. en théol. et chan.
» de Laon, dont ledit seig.ᵉ cardinal étoit évêque.
» Cette lettre est datée du Mans. *Cenomanis*, 17
» *cal. Junii* ».

Mais il paraît que cette lettre resta sans effet à
cause de la rupture du pape avec le Roi de France.

Le procès-verbal d'ouverture qui fut dressé alors
était signé *Messard* et *Boissant*, chanoines.

« Le dimanche 6 Octobre 1591, le cardinal de   *P. 525, v.⁰*
» Bourbon pria le chapitre de lui faire voir le corps
» de S. Piat, qui est tout *entier* en l'église de
» Chartres. On le descendit de son lieu après com-
» plies, et fût posé sur une table au milieu du
» chœur. La chàsse étant ouverte, le corps fut
» trouvé *tout entier* en tous ses membres, fors la
» tête qu'il avait coupée, mais si bien rejointe au
» corps qu'il ne paroissoit qu'une cicatrice autour
» du col., et de là on le porta à la sacristie. Le
» lendemain 7, l'archevêque de Bourges et l'évêque
» de Beauvais le furent voir.

» Le mardi 8, il fut porté, sur les 9 heures du
» matin, dans la chapelle des apôtres, en laquelle
» cette relique fut vue de plus de 2,000 personnes
» tout à découvert, et y demeura jusqu'au soir.
» Tandis qu'elle y fut, M.ᵉˢ Claude *Robert*, sous-
» doyen, Jacques *Oudinot*, archidiacre de Pinse-
» rais, Philippe *Lefebvre*, archidiacre de Dreux,

» Claude *Couard* et autres chanoines le gardèrent
» avec les suisses.........

 » Dans le grand et premier cercueil ou coffre
» étoit un autre moindre de sapin, dans lequel fut
» trouvé ce corps aussi frais et beau que si on l'y
» eût mis dans le moment, d'où s'exhaloit une odeur
» très-souave. Il étoit enveloppé de trois suaires de
» lin très-déliez, couverts de trois toiles cirées,
» d'un tapis de soie rouge brodé d'or, par-dessus
» lequel étoit encore une autre toile cirée.........

 » Cette même châsse fut ouverte l'an 1520 par
» Louis cardinal de Bourbon, évêque du Mans, qui
» le trouva *tout entier*, et lui mit la main droite sur
» l'estomach, en laquelle posture elle fut encore
» trouvée dans cette dernière ouverture......... (1)

(1) Au récit de Souchet je joins un certificat de M. Le
Tunays, dont on m'a communiqué une copie :

« Le Dimanche sixième jour d'Octobe 1591, trois heures
» du soir, à la requête de Monseigneur le révérendissime
» cardinal de Bourbon, étant en cette ville, accompagné
« de Messeigneurs les archevêque de Bourges, évêque de
» Chartres, et autres évêques et gens ecclésiastiques, fut
» descendue la châsse de S. Piat, où de tout temps les Chartrains
» ont cru ledit corps dudit glorieux saint martyr en entier ; et
» ayant ledit seigneur cardinal fait ouvrir ladite châsse qui
» n'avoit pas été ouverte que depuis l'an 1520, fut ledit corps
» (vu) en *entier* avec ses linéamens, et ceint de tous ses
» membres, et le mardi ensuivant mis en la chapelle des che-
» valiers derrière le chœur, où il fut vu d'une infinité de
» personnes ; mais de ma part je ne le pus voir ce jour-là
» à cause de la presse, quoique je fusse le procureur de la
» chapelle de ce saint fondée en l'église cathédrale de Chartres ;
» mais le jour de la fête de S. Denis, apôtre de France,
» devers les une heure après midi, MM. Le Noir, chanoine,
» et Lamy, clerc de l'œuvre de ladite église, me firent voir
» ledit corps saint au chapitre des chanoines de la chapelle
» S. Jérôme, où il avoit été secrètement transporté pour
» éviter le tumulte du peuple ; et là, moi François Le Tunays,

Ce certificat se trouve par extrait dans mon mss. de 1726, cité ci-dessus.

Challine, en son histoire de Chartres mss., dit P. 130, r.°
qu'elle fut encore ouverte en 1600 pour la reine
Marie de Médicis, et ajoute « qu'aux registres du
» chapitre, vers l'an 1580, il y a lettre du sieur
» Cottereau, théologal de Tournay, à un nommé
» Cailleaux, chanoine de Chartres, pour le prier
» de lui envoyer l'histoire de S. Piat telle qu'elle se-
» lit au légendaire de Chartres. »

Mais l'inventaire de 1726 déjà cité dit que cette
reine la fit ouvrir en 1609, et le manuscrit de 1682
s'explique ainsi : « ce fut le 9 Mars 1609, jour
» qu'elle donna la lampe d'or, que la reine de
» Médicis fit descendre le corps de S. Piat, lequel
» fut reconnu bien frais et *entier*, et demanda un
» petit morceau du suaire ou linceuil qui l'enve-
» loppoit, et en fit dresser un certificat qu'elle signa ».

Le 20 Décembre 1708, M. Paul des Godets, évêque
de Chartres, voulant renfermer les reliques de S. Piat
dans une châsse neuve plus belle et mieux ornée, fit
l'ouverture de celle dans laquelle le corps du saint
était déposé. Le procès-verbal qui fut rédigé
contient des détails précieux que l'on aimera à lire ;
et comme il est le seul existant, nous le donnons
d'après la copie que nous en possédons, et nous y

» procureur au bailliage et siége présidial de Chartres, j'atteste
» à la postérité qu'en la présence des susdits et mon fils aîné,
» j'ai vu et fort longuement contemplé ledit corps saint qui
» *est entier*, garni de chair, d'ossemens s'entretenant l'un
» l'autre, quoiqu'il y ait plus de 1500 ans qu'il a souffert le
» martyre ; et je vis ledit S.ʳ Lamy, clerc de l'œuvre, prendre
» le bras droit du corps saint, dont la main étoit sur la poi-
» trine d'icelui, lequel bras il tira de son lieu, le souleva et
» remit en sa place, sans aucune dislocation. Je l'ai vu, et
» l'atteste derechef. *Signé* Le Tunays avec paraphe ».

(*Communiqué par M. Creusas*).

joignons une traduction faite dans le même temps, et que l'on nous a communiquée.

« Paulus, Dei gratiâ et sanctæ sedis apostolicæ, episcopus carnotensis, regis in sanctiori et privato consiliis consiliarius, universis præsentes litteras inspecturis, salutem in Domino. Notum facimus quòd pietate moti erga sacras reliquias beati Piati martyris, easque novâ capsâ elegantiore et ornatiore donare, loco veteris indecentis et usu detritæ, cupientes, dictam capsam ex loco edito ubi in ecclesiâ nostrâ cathedrali asservari solet, in sacellum nostræ domûs episcopalis transferri et asportari mandavimus, ibique præsentibus venerabilibus et circonspectis viris magistris Joan. Bapt. *Mareschaux*, decano, Florentio *de Ganeau*, subdecano, Gaspardo *de Fogasse de la Bartie*, camerario, vicariis nostris generalibus, necnon Joan. *Gobinet*, præcentore, Jac. *Félibien*, archidiacono vindocinensi, Cl. *Etienne*, Laurentio Philiberto. *Chappon*, et quibusdam aliis presbyteris dictæ insignis ecclesiæ carnotensis canonicis, nonnullisque tàm è familiâ nostrâ quàm è ministris ecclesiæ laïcis, coram nobis apposita est theca in quâ sunt reconditæ istæ sanctæ reliquiæ, et parte extremâ thecæ reclusâ extractæ, atque super mensam tapete decenter ornatam repositæ sunt prædictæ reliquiæ pluribus indumentis involutæ : evolutis autem pannis sericis et linteis quibus tegebantur, invenimus corpus humanum *integrum*, capite super humeros appositè reposito, cæteris ejus membris cohærentibus : faciem habebat manusque nudas, pelle, carnibus et nervis exsiccatis adhuc ornatas, pollice tamen utroque dissoluto, manu dexterâ super pectus, lævâ ad latus positâ : reliquæ corporis partes sindone vetustâ circumvolutæ erant et quasi vestitæ. Et cùm voluerimus sindonem illam tollere, imò et reserare, plurimas telas similiter dispositas firmissimè adhærentes et conglutinatas reperimus; illis verò resecatis aliquibus in locis et ægrè revulsis, maximè circa partes superiores pectoris et partem inferiorem lacerti dextri, ossa nondùm pelle denudata vidimus. Deindè etiam pedem dextrum telis et fasciis quibus involvebatur resecatis deteximus, illumque integrum pariter, pellibus, nervis, carnibus exsiccatis, reperimus, dictasque sacras reliquias omnes quotquot adfuimus venerati sumus. Et quamvis nobis cordi fuisset cæteras telas omnes et fascias detritas atque indecoras detrahere, abstinuimus tamen ab illis ultrà resecandis præ reverentià, ne membra aliqua S. corporis motu inconsiderato luxarentur. Sublatis igitur telæ resecatæ segmentis crassioribus, quæ alibi decenter servari voluimus, sanctum corpus gloriosi martyris Piati pannis sericisque linteis ut priùs obductum recondidimus, thecamque eâ parte quæ fuerat à nobis reclusa sigillo nostro parvo obsignavimus, pristino loco reponendam, donec novam ornatiorem capsam fieri curavimus. In quorum fidem et testimonium præsentes litteras manu nostrâ subscripsimus, et sigillo nostro majori secretariique nostri chirographo muniri jussimus. Datum Carnuti anno Domini millesimo septengentesimo octavo, die verò vigesimâ mensis Decembris, præsentibus magistris Joann. *Langlois*, clerico operis, et Michaëli *Juguin*, crucifero prædictæ carnotensis ecclesiæ, presbyteris, testibus Carnuti commorantibus, nobiscum signatis.

Sic signatum † PAULUS, episcopus carnotensis; *Langlois* et M. *Juguin* ». (1)

---

(1) PAUL, par la grâce de Dieu, évêque de Chartres, à tous ceux qui ces présentes lettres verront, salut en Notre-

La dernière ouverture de la châsse de S. Piat a eu lieu en 1750, lors de la translation des reliques de ce saint dans une châsse neuve en bois de rose ou plutôt d'ébène, en forme de tombeau, enrichie d'ornemens en argent d'un travail élégant, et surmontée d'une couronne et d'une croix aussi en argent.

Cette translation fut faite le 1.er Octobre par M. de Fleury, évêque de Chartres.

Comme ses prédécesseurs, il trouva le corps du saint entier, la tête jointe au corps, tous les autres

Nota. On y avait employé 42 marcs d'argent.

Seigneur: Savoir faisons que, touché de dévotion envers les saintes reliques de S. Piat, martyr, et désirant les renfermer dans une châsse nouvelle, plus belle et mieux ornée que celle où elles sont, qui est peu décente et trop ancienne, nous avons ordonné que du lieu où elle est gardée dans notre église cathédrale, elle serait transférée et portée dans la chapelle de notre palais épiscopal, en la présence de vénérables et circonspectes personnes Jean-Baptiste *Mareschaux*, doyen, Florent *de Ganeau*, sous-doyen, Gaspard *de Fogasse de la Bartie*, chambrier, nos grands vicaires généraux, Jean *Gobinet*, chantre, Jacques *Félibien*, archidiacre de Vendôme, Claude *Etienne*, Laurent-Philibert *Chappon*, et quelques autres prêtres et chanoines de notre cathédrale, comme aussi quelques-uns de nos domestiques et serviteurs laïcs de notredite église, a été posée la châsse en laquelle les reliques sont renfermées; lesquelles en ayant été tirées par le bout de la châsse qui aurait été ouverte, enveloppées de plusieurs couvertures, ont été mises sur une table couverte d'un tapis, et après en avoir ôté les draps de soie et de linge qui la couvraient, nous avons trouvé un corps d'homme entier, ayant la tête fort bien placée sur les épaules, et tous les membres sans être déplacés; le visage et les mains nues et entourées de peau, de chair et de nerfs desséchés, les deux pouces néanmoins séparés des mains, la main droite sur la poitrine, et la gauche étendue sur le côté, les autres parties du corps enveloppées et comme revêtues d'un ancien suaire; et lorsque nous avons voulu l'ôter et même le couper, nous avons encore trouvé plusieurs voiles disposés de même ma-

membres adhérens, le visage, les mains et le pied droit découverts, les chairs desséchées, mais avec la peau et les nerfs.

Brev. carnot. lect. vj.

Le procès-verbal a disparu avec les autres ; mais l'authenticité de cette translation et de l'état entier du corps du saint se trouve confirmée par quelques témoignages historiques qui nous ont été communiqués et qui doivent être produits.

Le premier est extrait du répertoire de M. Savart, notaire à Chartres, qui s'exprime ainsi :

Au nombre des minutes de M. Choppin son suc-cesseur médiat.

« Octobre 1750. — Le 1.ᵉʳ de ce mois s'est faite

---

nière, fortement appliqués et collés ensemble ; et les ayant coupés en quelqu'endroit, et arrachés avec peine, principalement au haut de la poitrine et au bout du bras droit, nous avons aperçu un corps couvert de peau : ensuite nous avons aussi découvert le pied droit, après avoir coupé les bandes et les toiles qui l'enveloppoient, que nous avons pareillement trouvé entier, avec la peau, les chairs et les nerfs desséchés, et tous tant que nous étions d'assistans avons honoré lesdites reliques ; et, quoique nous eussions fort à cœur d'arracher toutes les autres toiles et bandes usées et peu décentes, cependant, par respect, nous nous sommes abstenus d'en couper davantage, crainte de déboîter, par quelqu'effort trop violent, quelques membres du corps saint. Ayant donc ôté les parties les plus mal-propres des toiles coupées que nous avons ordonné de conserver ailleurs avec honneur, nous avons renfermé le saint corps du glorieux martyr, après l'avoir recouvert de drap de linge et de soie comme il était auparavant, et nous avons scellé du petit sceau de nos armes la châsse par l'endroit où nous l'avions ouverte, pour être remise à sa place, jusqu'à ce que nous en ayons fait faire une nouvelle et plus ornée : en foi de quoi nous avons signé le présent de notre main, que nous avons fait sceller de notre grand sceau et contre-signer par notre secrétaire. Donné à Chartres l'an de N. S. 1708, le 20 Décembre, en présence de maître Jean *Langlois*, clerc de l'œuvre, et de Michel *Juguin*, porte-croix de notredite église, prêtres demeurans à Chartres, et qui ont signé avec nous.

Ainsi signé † PAUL, évêque de Chartres ; *Langlois* et *Juguin.*

» en l'église N. D. la translation de la relique de
» S. Piat dans la châsse où il est actuellement. J'ai
» été présent à l'ouverture de l'ancienne châsse.
» J'ai vu la relique qui est entière ; la face et les
» pieds ont été découverts..... ».

Le second est une note que M. Guillard, huissier
du chapitre, a laissée dans ses papiers, et qui est
ainsi conçue :

« Le 29 Septembre 1750 on fit l'ouverture de
» S. Piat ; j'étois présent ; Mgr l'évêque, en étole
» rouge, le découvrit. M. Bardet, chirurgien, fit
» la description du corps. On trouva le pouce de
» la main droite dans sa main gauche ; il avoit été
» emporté par la reine ; elle le rapporta, parce
» qu'elle étoit toujours malade. Cela fut fait à cinq
» heures du soir. Le lendemain on chanta vêpres
» pontificalement comme le jour de Pâques, et à
» 4 heures du soir les matines qui durèrent jusqu'à
» 6 heures et demie. Les chanoines avoient leurs
» robes rouges. Le lendemain la cloche sonna à 6
» heures et demie et lâcha à 7 heures ; ensuite on
» chanta prime ; après quoi Mgr l'évêque vint au
» chœur en chape rouge. Il y avoit deux tables, l'une
» pour la nouvelle châsse, le saint sur l'autre table.
» Mgr l'évêque lui baisa les pieds, ensuite tout le
» clergé et les laïques qui se trouvèrent dans le
» chœur.
» Ensuite on l'enveloppa dans les linges anciens,
» et par-dessus ces linges étoit une étoffe rouge
» ancienne. On le posa sur une planche préparée
» couverte d'un satin rouge ; après on le mit dans
» sa première châsse avec les cachets de l'évêque,
» tous les procès-verbaux sur cette première châsse,
» et un linge par-dessus.

» Le premier procès-verbal est de l'année 1310.

» On compte qu'il y a 1463 ans.....

» Après avoir mis la première châsse dans celle
» que vous voyez aujourd'hui bien close, on la
» porta sur le maître-autel ; ensuite on chanta la
» grand'messe, qui étoit le 1.er d'Octobre 1750 ,
» jour de la fête de S. Piat. Il fut exposé sur l'autel
» depuis le jeudi jusqu'au dimanche après vêpres ,
» que l'on fit la procession autour de l'église ; ensuite
» on le serra dans le trésor de S.ᵗᵉ Anne (1). »

A cette note de M. Guillard , il convient ajouter
un extrait du procès-verbal dressé alors par M. de
Fleury , et pris sur l'original même par M. Garnier (2) ,
et dont voici les expressions telles qu'elles se ren-
contrent dans la copie qu'il en a communiquée :

« Nous Pierre-Augustin-Bernardin DE ROSSET DE
» FLEURY , évêque de Chartres , avec les doyen ,
» chanoines et chapitre, par vénération et dévotion
» envers les reliques du glorieux S. Piat, nous ayant
» voulu lui faire faire une plus belle châsse et mieux
» ornée et argentée de différentes cizelures, de bois
» d'ébène ; à cet effet, l'avons fait descendre, nous
» l'avons fait ouvrir, nous avons levé les soies et
» linges et suaire , nous avons trouvé un corps
» d'homme de la hauteur de 5 pieds 2 pouces ,
» bien garni de ses chairs et de tous ses membres
» et nerfs néanmoins desséchés ; la main droite sur
» la poitrine, la gauche à côté de lui ; le pied droit
» découvert, garni de ses chairs et nerfs desséchés ;
» le reste du corps garni de même. Mais avant la

---

(1) Communiqué par M. Lion, époux de Mademoiselle
Guillard, fille de l'auteur de cette note.

(2) M. Garnier est dénommé et qualifié au procès-verbal
du 20 Août, ci-après n.° 3.

» fermeture, voulant favoriser le peuple envers les
« saintes reliques, nous avons ordonné que le corps
» de S. Piat soit mis sur l'autel, le visage et les
» mains et pieds découverts, où Mgr l'évêque lui
» baisa les pieds, et ensuite tous les chanoines et
» le clergé et les porte-masses ; le peuple a passé
» dans le chœur, entré par une grille collatérale et
» sorti par l'autre, depuis prime jusqu'à vêpres
» chantées solemnellement ; après quoi nous avons
» renfermé cette sainte relique dans une nouvelle
» châsse de bois ornée d'argent fleuronné et cizelé
» tout autour ; ayant couvert auparavant la tête et
» les pieds, nous l'avons scellée du sceau de nos
» armes, en présence de Me Antoine Masson, et
» Sébastien Lesage, diacre, notaires, et secrétaires
» et témoins, qui ont signé avec nous ».

Enfin, pour terminer ce qui est relatif à cette
translation du corps de S. Piat, nous ajoutons que
l'on trouve dans les registres capitulaires du chapitre
de Chartres, sous la date du 28 Septembre 1750
l'arrêté par lequel le chapitre régla le cérémonial
qui serait observé.

Tels sont les documens, les renseignemens et les
preuves qui nous sont restés, et qui attestent l'intégrité du corps de S. Piat, son existence dans le trésor
de la cathédrale de Chartres, avant son inhumation
en 1793, époque à laquelle on s'empara de toutes
les richesses qui étaient renfermées dans ce trésor,
époque à laquelle on exerça tous les genres de profanation, et à laquelle les reliques et les corps des
saints furent inhumés avec la plus audacieuse impiété.

Cette existence, cette intégrité sont attestées aussi
par les déclarations des témoins entendus en l'enquête
du 16 Août 1816, ci-après n.° 1, et par celles de

témoins entendus également pendant les travaux exé-
cutés pour la découverte de ce saint martyr , et
consignées dans les procès-verbaux des 20 , 21 et
22 du même mois d'Août, ci-après n.° 3.

Existerait-il maintenant un doute ? Voudrait-on
embrasser l'opinion de ceux de Tournay qui, suivant
Baillet , « se contentent d'accorder qu'il est resté
» (à Chartres) une partie de ces reliques ? » Voudrait-on
s'attacher à celle de Godescard qui dit que dans une
incursion des Normans « on transféra à Chartres les
» reliques de S. Piat , et l'on y en voit encore
» une portion dans la collégiale dédiée sous son
» invocation ? »

Quelques réflexions dissiperaient le doute. Que
Baillet, dont la critique assez souvent s'est reposée
sur les auteurs qui allégeaient son travail, ait avancé
*que ceux de Tournay se contentent d'accorder qu'il
est resté* (à Chartres) *une partie de ces reliques,*
ses expressions ne suffisent pas pour justifier son
assertion. Il ajoute « qu'ils soutiennent que l'autre a
» été rapportée dans la collégiale de Siclin, où ils la
» montrent dans une châsse d'argent doré que l'on
» a fait faire depuis ce retour ». Cela ne suffit point
encore pour soutenir l'assertion. S'il est historien ,
il devrait , lui qui est si prodigue de citations, nous
produire celles qui l'ont autorisé ; mais il garde
le silence à cet égard. Le fait cependant était assez
important pour mériter de sa part un examen plus
approfondi. Il ne pouvait pas ignorer que Rouillard
en sa parthénie , imprimée en 1609 , fol. 181 et
suivans , avait déjà combattu le dire de ceux de
Siclin et prouvé l'existence du corps entier de S. Piat
dans l'église de Chartres. Pourquoi Baillet n'a-t-il
pas discuté les raisons des uns et des autres ? Il lui

était facile d'éclairer cette question. Alors existaient dans les archives de Chartres une multitude de manuscrits qui, ouverts pour lui, auraient porté dans son esprit la conviction que le peu d'entr'eux qui a échappé aux ravages de la révolution, a donnée de nos jours ; conviction qui lui aurait évité de présenter, comme affirmatif, ce qui ne peut pas même être mis en question. Car sur quelle autorité établit-il son assertion ? il n'en présente aucune. Serait-ce par hasard sur celle d'Heriman ? Mais Heriman pourrait-il à lui seul faire autorité ? Son dire serait isolé. Pourrait-il alors être opposé aux preuves présentées par les Chartrains ? Heriman probablement les connaissait et les redoutait. Suivons son langage. Les Sicliniens disent *(dicentibus)* ; les Chartrains au contraire affirment *(affirmantibus)*. Or il y a une grande différence entre ces deux expressions. *Dire*, c'est raconter, faire une narration : *affirmer*, c'est attester, confirmer, assurer et ôter toute espèce de doute.

Ceci répond en même temps à Godescard qui, en convenant « que l'on transfera à Chartres les reliques de S. Piat », ajoute « que l'on y en voit encore » une portion dans la collégiale dédiée sous son » invocation ».

Il est encore plus inexact que Baillet ; car jamais la collégiale de S. Piat en la cathédrale de Chartres n'a possédé aucune des reliques de ce saint ; il n'a jamais été déposé dans cette collégiale : il a toujours reposé en entier dans le trésor de la cathédrale.

Si ces auteurs voulaient détruire le fait positif de l'existence de S. Piat en la cathédrale de Chartres, pour l'attribuer à l'église de Siclin, il fallait offrir des preuves et des autorités qui pussent au moins être

opposées

opposées à celles invoquées et présentées par l'église de Chartres.

Si la tradition et la possession s'élèvent en faveur des Chartrains , elles se trouvent fortifiées et consacrées par les martyrologes, les légendes, les bréviaires et missels , mais bien plus encore par les historiens mss. et imprimés, par les procès-verbaux des ouvertures de la châsse, qui , faits en présence du peuple par les évêques et avec toute l'authenticité la plus scrupuleuse , affirment *l'existence du corps entier* de S. Piat dans l'église de Chartres , et par les mandemens des évêques et du chapitre, sans l'autorité desquels on ne pouvait pas exposer ces saintes reliques.

On convient que S. Piat fut apporté à Chartres pendant l'incursion des Normans. Cet aveu est précieux. Mais prouve-t-on qu'il ait été reporté à Siclin ? Jusqu'à présent rien ne l'annonce. Hériman , déjà cité, et qui écrivait en 1127, raconte bien que les Sicliniens disaient avoir le corps de S. Piat, *dicentibus*, telle est son expression ; mais que les Chartrains au contraire affirmaient , *affirmantibus* , c'est encore son expression. Or , le premier historien qui nous ait entretenu de S. Piat, est S. Ouen, dans la vie de S. Eloi. Elle est du 7.ᵉ siècle. Le second est Heriman, dont l'ouvrage est du 12.ᵉ siècle. C'est dans cet intervalle que l'incursion des Normans força les Sicliniens d'apporter à Chartres les reliques de S. Piat. Tout est d'accord pour prouver cette circonstance.

Mais à quelle époque les Sicliniens auraient-ils remporté le corps du saint martyr ? Rien ne le dit , rien ne le prouve. Et cependant, si ce fait était vrai , Heriman aurait dû le préciser. En parlant de l'invasion et de la persécution des Normans , il en révèle les détails avec soin et avec exactitude. Si véritablement le corps de S. Piat eût été reporté à Siclin, Heriman se serait entouré de tous les documens nécessaires pour donner à cette circonstance toute la certitude qui aurait été en son pouvoir, afin d'atténuer au moins l'affirmation des Chartrains, s'il lui eût été impossible de la détruire.

L'on ne dit pas que le corps de S. Piat ait été remporté en entier, on dit qu'il est resté à Chartres une partie de ses reliques. Si le fait était vrai, on aurait dit quelle était la partie des reliques de ce saint qui était restée. On l'aurait nommée, on l'aurait désignée, on l'aurait caractérisée. Loin de là, on se contente *de dire*, et nulle preuve ne fortifie l'allégation. D'ailleurs on n'aurait pas omis de dresser un acte de la remise à l'église de Chartres, de la partie des reliques du saint qu'on lui aurait laissée, afin qu'en revenant à Siclin, on pût justifier au peuple que c'était le même saint que l'on avait emporté entier, et que ce qui y manquait avait été laissé à Chartres à la demande des habitans, par vénération pour le saint, et en reconnaissance de l'hospitalité que l'on y avait reçue. Au contraire, les Chartrains *affirment* posséder le corps entier du saint martyr. Leurs historiens mss. le prouvent. Les neuf ouvertures de la châsse de ce saint l'attestent; et les procès-verbaux, dont il n'existe à la vérité que des extraits, le démontrent.

Si l'église de Chartres n'eût possédé qu'une partie du corps du saint, jamais on n'aurait *attesté* qu'il était tout entier. On aurait confessé que l'on n'en possédait que des fragmens que l'on aurait désignés. On aurait expliqué pourquoi il ne serait resté que quelques parties du corps du saint; enfin on aurait

fixé l'époque où les Sicliniens auraient remporté le
saint, et cela avec autant de soin que l'on avait
conservé l'époque à laquelle ils l'avaient apporté.
Mais aucun des mss. encore existans ne s'en explique.
Leur silence à cet égard prouve que le saint n'a point
été remporté, et qu'il n'a pas cessé d'être conservé
dans l'église de Chartres depuis le jour où il y fut
déposé par les Sicliniens.

L'église de Chartres ne possédait que quelques
ossemens de S. Taurin et de beaucoup d'autres saints;
elle en faisait l'aveu. Cependant ceux particulièrement
de S. Taurin, qui étaient déposés dans une châsse,
n'en étaient pas moins vénérés, invoqués et exposés
à la piété des fidèles, afin d'obtenir, par son intercession, de la pluie dans les années de sécheresse
et de calamité.

Il en aurait été de même, si l'église de Chartres
n'eût conservé que quelques ossemens de S. Piat;
ils auraient été vénérés, invoqués et exposés à la
piété des fidèles, avec autant de confiance, de respect
et de succès, que le corps entier lui-même; parce
que, lorsqu'il est question des reliques et des corps
saints, la partie n'est pas moins respectable ni moins
puissante que le tout.

Une série imposante de procès-verbaux dont
l'existence nous est attestée par les mss.; une suite
d'ouvertures de la châsse de S. Piat également attestée
par les mss. et par les procès-verbaux, sont des preuves
convaincantes qui démontrent l'existence entière du
corps du saint dans l'église de Chartres.

Les précautions employées par les auteurs de la
spoliation du trésor et de la violation des châsses en
1793, fournissent de nouvelles preuves.

Ils croyaient, dans leur aveuglement, pouvoir

anéantir les mystères de la religion sous leurs im-
piétés, en s'emparant des vases sacrés et de tous les
ornemens du culte. Ils croyaient éteindre toutes les
lumières de la foi en profanant les églises, lorsqu'ils
s'y réunissaient pour y célébrer les fêtes par eux
érigées en l'honneur de leurs passions, et qu'ils y
promenaient les prétendues déesses de la raison. Ils
croyaient briser et arracher du cœur des fidèles les
sentimens qui leur inspirent l'amour de la religion
et l'invocation des saints, lorsqu'ils dévouèrent à
l'opprobre et à la profanation les reliques et les
corps des saints conservés dans les églises.

Mais toutes ces précautions ont produit un effet
contraire à celui que l'on se promettait, et elles sont
devenues une preuve irrécusable de l'existence et de
l'identité des corps saints.

Vainement on les a vu déchirer et brûler les
procès-verbaux qui attestaient la réalité des reliques.
Vainement on les a vu arracher des châsses ces
reliques et ces corps saints pour les ensevelir dans
la terre. Vainement on les a vu répandre dans les
fosses où ils les déposaient, de la chaux et autres
instrumens de destruction. Vainement ils essayaient
de détourner toutes les traces de leurs criminelles
entreprises.

Ils ont caché le corps de S. Piat dans la terre,
mais la majesté de ce corps saint leur en imposait
encore, puisqu'ils avaient fait fabriquer un cercueil
pour l'inhumer, et que *l'un d'entr'eux seulement*
s'y opposa. Ce même individu voulait briser le corps
du saint; les autres s'opposèrent à ses desseins auda-
cieux, et se contentèrent de le faire descendre dans la
fosse *en son entier, et sans qu'il fût endommagé.*

La religion avait donc encore de l'autorité! Ils

auraient pu jeter les reliques et les corps saints dans les flammes, et cependant ils ne l'ont pas fait. La puissance de la religion les rendit moins cruels que celui qui dans ces mêmes temps brûla publiquement l'image de la vierge de sous-terre, en face de la principale porte de son temple.

Des témoins sont restés, qui ont raconté leurs actions. Ils avaient été commandés pour ouvrir la terre. Au lieu de consommer, cette terre a conservé. Ils avaient agi sous les ordres des profanateurs ; ils leur ont survécu, afin d'apprendre aux fidèles qui existent aujourd'hui, que les reliques et les corps saints n'avaient été que dérobés momentanément, afin de reparaître brillans et radieux d'une nouvelle gloire.

Ces témoins avaient vu la profanation des corps saints, et notamment de celui de S. Piat. La précipitation avec laquelle on agissait n'avait pas permis d'enlever les linges et les étoffes qui l'entouraient, ils ont été reconnus et retrouvés. Le corps du saint avait été *inhumé en entier*, il a été *recouvré entier. Sa main droite reposait sur sa poitrine*, elle s'est présentée dans la même attitude. Sa tête, couverte encore de sa chair et de sa peau, desséchée et nullement offensée par la terre qui l'enveloppait et les élémens qui devaient la détruire ou au moins la détériorer, n'avait souffert aucune altération. Reconnue par ceux qui avaient déposé le saint, elle n'offrait point l'aspect hideux de la mort, mais au contraire l'image du repos le plus parfait. Le corps lui-même, malgré les efforts de ses *nouveaux* persécuteurs, ne présentait point le tableau repoussant d'un cadavre condamné à la dissolution, mais l'état d'un corps respecté par tout ce que l'on avait conjuré contre lui,

Ceux qui seulement avaient été présens , sans participer à la spoliation et à la profanation , ont également reconnu l'identité du corps de S. Piat retrouvé et exhumé en 1816 , avec le même corps arraché de sa châsse et inhumé en 1793.

Les procès-verbaux rédigés afin de constater cette découverte, et l'exhumation du saint martyr , suffiraient seuls pour justifier les sentimens qui , par une espèce particulière d'inspiration , ont porté subitement le peuple chartrain à s'applaudir et à se glorifier d'avoir retrouvé le saint martyr dont il avait toujours reconnu l'immense protection dans les calamités contre lesquelles il l'invoquait. Le zèle et la piété des fidèles se sont éminemment développés par l'empressement avec lequel ils se sont rendus auprès des reliques de S. Piat , dès le moment où elles ont été exposées à la vénération publique , d'après l'autorisation de Monseigneur l'évêque. Plus de quarante communes sont venues processionnellement invoquer S. Piat dans l'ancienne cathédrale de Chartres , où il est enfin rendu au culte qui lui était consacré depuis près de dix siècles , et qui deviendra plus solennel , lorsque Monseigneur l'évêque aura prononcé définitivement (1).

---

(1) Les autres reliques arrachées également de leurs châsses ont aussi été retrouvées dans la même fosse qui a conservé S. Piat. Elles y avaient été jetées avec la plus grande confusion. C'étaient des membres isolés ; S. Piat seul était entier, et cette intégrité le distinguait. Ces reliques et ces ossemens ont été déposés dans cinq caisses , afin d'être réunis dans une châsse particulière , d'après l'ordonnance de M.gr l'évêque.

EXTRAIT

DU CATALOGUE

OU

INVENTAIRE DES RELIQUES ET JOYAUX DE L'ÉGLISE DE CHARTRES,

FAIT EN 1682 (MSS).

La première châsse en *vermeil doré*, travaillée à jour, contenait deux os des bras de S. Serge et S. Bache, martyrisés à Sergiopolis an 309 de J. C. Elle fut donnée par Henri IV, le jour de son sacre en l'église cathédrale de Chartres, le 28 Février 1594.

Deux grands calices de vermeil avec leurs patènes, servans aux jours solennels ; l'un, donné en 1582 par le roi Henri III ; et l'autre par l'amiral de Grasville, est orné de ses armes, sous Charles VIII, en 1487 : l'un et l'autre d'un pied de haut. Le second porté à Paris en 1563, afin d'y être vendu pour les nécessités de l'Etat, fut estimé 100 liv. et rapporté : le marc d'argent valait alors 15 l. 15 s.

Deux grosses burettes de vermeil, ouvrage antique de 6 pouces de hauteur.

Deux instrumens de paix, l'un d'argent, ayant 8 pouces de hauteur et 5 de largeur ; l'autre de vermeil, donné en 1600 par M. Boete, doyen, a 8 pouces de hauteur et 4 de largeur.

Une croix de 12 pouces de hauteur, dont le pied de la colonne et le fût est d'émeraudes ; le pied composé de trois tables triangulaires, dans le milieu desquelles il y a des onix taillés. Ce pied est posé sur trois agathes au-dessus desquelles est une colonne torse d'une seule émeraude ; le fût de la croix aussi d'émeraudes, en tables d'un pouce de large: Le tout enchâssé d'or enrichi de perles, rubis et turquoises, donné par Henri III en 1582 ; estimé 30,000 liv.

Une vierge de vermeil doré portant son fils.... ayant 9 pouces de hauteur, et pesant 2 marcs 6 onces, donnée en 1256 par Alaïde, abbesse de Montreuil en Picardie.

Une grande vierge d'argent, de 24 pouces de hauteur, pesant 10 marcs et demi, nommée Notre-Dame-Blanche, ou *De Lacte*. Au milieu du reliquaire est une petite boîte d'or dans laquelle il y a une petite fiole de cristal pleine de lait de la sainte vierge.

Une autre vierge d'ambre gris en demi-relief, de 15 pouces en hauteur et largeur. Le visage et les mains de la vierge et l'enfant Jésus sont d'albâtre ; ils portent l'un et l'autre une couronne d'or enrichie de perles. Au bas du tableau sont à genoux deux anges d'or émaillé..... Présent fait par la république de Venise à Henri III, qui le donna à l'église de Chartres, le jour de la Chandeleur, en 1582. La république de Venise depuis a voulu le racheter, et en avait offert 10,000 liv. Henri III fit ce présent avec la croix d'émeraudes et le calice de vermeil n.ᵒˢ 2 et 5.

Un Saint Laurent de vermeil, ayant 19 pouces de hauteur, et pesant 14 marcs, dans lequel est enchâssée une dent de ce saint martyr.

Buste à mi-corps de vermeil doré, de Sainte Amplonie, de la hauteur de 16 pouces, posé sur un grand pied aussi de vermeil, porté par quatre lions : le tour du col bordé de rubis et d'émeraudes, dont celle du milieu, qui sert comme d'agrafe, est d'un prix considérable pour sa grandeur et sa beauté. Donné en 1503 par le cardinal Perrault, à qui MM. de Cologne en avaient fait présent.

Une vierge d'or émaillé (hauteur 17 pouces) .... ayant un grand manteau émaillé de bleu, et à cause de cela nommée Notre-Dame-Bleue.... Elle tient par la main gauche son fils debout à côté d'elle, et qui est aussi en or.... L'or et l'argent de cette figure pèsent ensemble 35 marcs.... La vierge est assise dans une chaise ..... Au pied de cette chaise est un reliquaire contenant des cheveux de la sainte vierge, donnés en 1384 par le pape Clément VII à Jean de France, duc de Berry, lequel en a depuis fait présent à l'église, avec cette belle figure de la vierge, comme il paraît par les registres de l'œuvre de l'an 1404. Les mêmes registres constatent aussi qu'en 1416, Jean Tarenne, changeur et bourgeois de Paris, donna le pied ou base de cette chasse, qui est d'argent doré environné de panneaux de même, émaillés de bleu et semés de fleurs de lis.

La sainte chasse (longueur 25 pouces, largeur 10 pouces, hauteur 21 pouces), posée sur un brancart de vermeil doré semé de fleurs de lis en bosse. Cette sainte chasse pesée avec son brancart, le 1.er Octobre 1706, fut trouvée de 93 livres justes.

Cette châsse est faite de bois de cèdre, couverte de grandes plaques d'or (1) et enrichie d'une infinité de perles, diamans, rubis, émeraudes, saphirs, jacintes, agathes, turquoises, opales, topazes, onix, crysolites, amelistes, grenats, girasols, sardoines, astriots (*astroïtes*), cassidoines, calcédoines, héliotropes, et autres joyaux et présens. L'inventaire présente 105 articles de bijoux en or, argent, vermeil et pierreries en grand nombre, qui ornaient cette sainte châsse. Voici les plus considérables :

1. Une ceinture d'or (pesant 3 marcs 1 once, estimée 500 écus), environnant le bas de la châsse, et enrichie de 15 rubis, 10 saphirs et 64 perles. A un des bouts il y a une grosse agrafe en or, et à l'autre un onix servant de bouton. Donnée par la reine Anne de Bretagne, qui y joignit deux bracelets d'or émaillés, attachés au-dessous de cette ceinture. (En 1563 elle consistait en 67 couplets, et avait 68 perles et 30 pierres précieuses ; le tout pesant 3 marcs 1 once, et estimé 400 écus. Portée à Paris afin d'y être vendue pour les nécessités de l'Etat, elle

---

(1) Il y a environ 60 marcs d'or et 10 d'argent sur la sainte châsse, comme il paraît par le procès-verbal d'estimation qui en fut fait en 1562 par le commissaire du roi (Charles IX), venu pour la vente des reliquaires.

Sur les remontrances du gouverneur de la ville, lieutenant-général, accompagné de la justice, chanoines, échevins et habitans, la sainte châsse et le reliquaire de la vraie croix ne furent point conduits à Paris, à cause de leur sainteté et des extrêmes instances de tout le peuple. L'or et l'argent en furent seulement appréciés :

Le marc d'argent blanc à   14 l. 5 s. ;

———————— d'argent doré, à   17   »

———————— d'or, à   144   »

fut renvoyée. —— Par un inventaire de 1637, il y avait 15 rubis, 10 saphirs, 64 perles, et au bout un onix).

2. Une grande croix de pierreries, de 3 ou 4 doigts de large, et presque de toute la hauteur de la châsse, faite de 56 rubis, balais et grenats, 18 saphirs, 22 perles, 8 émeraudes, 8 onix et 4 jacintes : le tout disposé en trois rangs, et enchâssé en gros chatons d'or. (Il y a plus de 400 ans qu'elle est sur la sainte châsse, comme il paraît par un vieil inventaire de 1353).

3. Au-dessous des bras de cette croix, sont deux grandes pièces d'orfévrerie antiques (de plus de 400 ans), en manière de cor de chasse, représentant les quatre saisons, et au milieu des tableaux, la vierge, Samson écartant la gueule d'un lion, Jésus à mi-corps, et un Christ accompagné de deux anges. Sur l'un des tableaux se lit .... *Rich. Wart me fe.* Ces deux beaux morceaux enrichis de beaucoup de perles et pierres précieuses.

4. Une agathe ovale, de près de 2 pouces de haut, représentant une Diane à la chasse.

5. Sur le toit ou couverture de la sainte châsse, 3 gros saphirs en cabochons non taillés, celui du milieu enchâssé dans un cercle plat de vermeil, que l'on croit venir du roi Robert. (Il y a plus de 400 ans qu'ils sont sur la sainte châsse, ainsi qu'on le voit par l'inventaire de 1353).

6. Deux aigles plats d'or... ouvrage de S. Eloi, posés sur les deux bouts du toit, donnés en 998 par Rotelinde, mère de Odon (Eude), évêque de Chartres.

7. Un diamant non taillé, de la longueur d'un pouce sur 9 lignes tant de largeur que de hauteur, encastré dans un chaton d'or ovale de filigrane, enrichi de petits rubis et turquoises; il est d'une

très-belle roche, et serait d'un prix considérable s'il était travaillé, étant plus gros que le tiers de celui du duc de Toscane estimé plus de 2 millions, lequel passe pour le second des diamans taillés, le premier étant au Grand-Mogol.

8. Sur le second côté de la sainte châsse, une manière de portique; au milieu une vierge d'or tenant son fils. Pèse 1 marc 1 once 2 gros.

9. Un tableau d'or ovale, à deux faces : sur l'une, Sainte Marie-Madeleine, accompagnée de Louis, comte de Vendôme; sur l'autre se lit : « Nous » Louis de Bourbon, comte de Vendôme, avons » donné ce tableau à l'église N. D. de Chartres, » et y donnons par chacun an, à toujours, une once » d'or à prendre sur notredit comté de Vendôme. » Fait l'an 1404, au mois d'Août. » Et fut donné par lui au mois d'Octobre suivant.

10. Un autre tableau d'or, en manière de livre ouvrant... Au haut du pignon est une grande agathe ovale, sur laquelle est taillé un Jupiter... Le cadre qui est ovale est d'or..... Au bas, un écusson couronné aux armes de France. On lit sur la couronne: Le roi Charles V, fils du roi Jean, donna cette agathe à l'église en 1367. Estimée 6,000 liv.

C'est dans cette châsse qu'était conservée la chemise de la sainte vierge, donnée en 896 par le roi Charles-le-Chauve.

Theudon, chartrain, la fit couvrir d'or, ainsi qu'il est constaté par le nécrologe de l'église de Chartres, qui porte qu'outre cette libéralité, il fit encore bâtir le frontispice de la porte royale, entre les deux clochers, et qu'il contribua aussi beaucoup de ses moyens à la couverture de cette église. Il mourut en 991, et fut inhumé à St.-Père.

Un grand reliquaire d'or ovale, posé sur le haut d'une colonne de vermeil, semée de fleurs de lis, soutenu par deux anges à genoux sur une grande base à 8 pans, aussi de vermeil. Il y a entr'autres reliques du bois de la vraie croix. Hauteur de tout le reliquaire, 23 pouces. L'or de l'ovale et du tableau de la vraie croix estimé 800 liv.; l'ovale et la colonne estimés 200 écus sol. Les anges et la base dorés pèsent 27 marcs 6 onces. Au-dessous de l'ovale est un rubis d'un très-grand prix, dans un chaton d'or. Estimé en 1562, par ordre du roi, à 80 écus.

Ce beau reliquaire fut donné par le bon duc Jean de Berry, en 1406.

Une ceinture de 4 pieds et demi de long sur quatre doigts de large, faite de grains de porcelaine blancs et noirs, bordée de soie de porc-épic rouge. Il s'y lit *Virgini parituræ votum Huronum.* Elle fut envoyée par les Hurons en 1678.

Une autre ceinture de 6 pieds de long et de 6 pouces de large. Le fond est de grains de porcelaine couleur violet foncé, avec cette inscription : *Virgini Matri Abnaquiæi D. D.* en grains blancs, tous lesquels sont au nombre de onze milliers. Envoyée par les Abnaquins, sauvages de la Nouvelle-France, en 1695, et reçue en Septembre 1699.

Une médaille d'or ayant d'un côté S. Louis et de l'autre deux mains de justice, sur le revers une couronne de laurier avec ces mots : à l'immortalité! et autour, prix d'éloquence 1673. Donnée en 1681, par l'abbé Mathieu de Melun de Maupertuis, chanoine de Chartres, qui l'avait reçue pour le prix par lui obtenu de l'académie française. (Pèse 4 onces 2 deniers. Valant 200 liv.)

Un ange d'argent tenant une main d'or dans

laquelle est une partie de celle de S. Thomas. (Hauteur 2 pieds. La main pèse 1 marc 5 onces).

Un soleil de vermeil ou porte-dieu (hauteur 16 pouces, longueur 12, largeur 6), porté par deux anges; au-dessus un dais de vermeil porté par quatre milords. Le tout orné de pierreries.

Un S. Georges à cheval (hauteur 18 pouces, longueur 12 pouces), en vermeil doré, lequel se démonte en plusieurs endroits. Donné en 1634 par Nicole, duchesse de Lorraine. Il renferme un os du coude de S. Georges.

Une grande croix de vermeil enrichie de pierreries, elle sert aux processions solennelles. (Hauteur 34 pouces).

Une autre croix en vermeil qui se met sur l'autel aux jours solennels. (Hauteur 23 pouces. Pèse 3 marcs 3 onces). Donnée par MM. de la ville d'Issoudun, le 15 Mars 1630.

Un bâton de Brésil (haut de 5 pieds 3 pouces), virolé d'argent en plusieurs endroits; au haut une grosse fleur de lis en vermeil.... C'est le bourdon que le roi Jean portait en ses pélerinages. Il sert de bâton cantoral aux petits solennels.

Un autre bâton cantoral (haut de 5 pieds 6 pouces, pesant 15 marcs 5 onces). Donné le 13 Mai 1559, par M. Thiersaut, chanoine. Sert aux grands solennels.

Un missel couvert de vermeil (haut de 17 pouces, large de 11).

Un textuaire d'évangiles, aussi de vermeil, dont les deux couvercles pèsent 11 marcs 2 onces.

Un textuaire d'épîtres aussi couvert de vermeil.

Une châsse de bois doré (longueur 3 p. 5 pouc., larg. 13 pouc., hauteur 21 pouc.), contenant deux sacs, l'un de velours cramoisi renfermant plusieurs petites boîtes et paquets où sont des reliques de Sainte Anne, des vêtemens de la Madeleine, de la tunique et du cilice de S. Yves, de S. Romain ; un doigt de S. Potentien, de Sainte Colombe; le coutel de S. Thomas, de S. Etienne, de S. Eustache, de S. Jacques et de Sainte Mesme, et autres.

Le second, de satin bleu, contenant trois petits sacs de reliques ; en outre plusieurs ossemens de saints; un chef que l'on tient être celui de S. Gervais, dont le reliquaire d'argent doré, pesant 3 marcs, fut vendu en 1562.

Un reliquaire de vermeil doré (hauteur 15 pou.), contenant un morceau d'une ceinture de la vierge, un morceau d'une côte de S. Louis, donnée en 1407 par le comte de Vendôme ; une petite boîte d'or où l'on voit du lait de la vierge naturel, mais caillé et séché ; un pouce de la main droite de S. Louis de Marseille, archevêque de Toulouse, cousin de S. Louis, donné en 1410 par le duc de Berry, qui l'avait eu du roi de Sicile, son neveu.

Une châsse de vermeil doré (long. 23 pouces, larg. 14 pouc., haut. 30 pouc.), laquelle renferme le corps de S. Turien, évêque de Dol en Bretagne, mort vers 841.

S. Turianus, Turiau, et non Turien.

Le chef de Sainte Anne (haut. 20 pouc.), dans un buste de vermeil doré, donné en 1204 par Louis, comte de Blois et de Chartres, qui l'avait envoyé de Constantinople.

Un buste de vermeil doré, représentant un évêque (haut. 26 pouc.), lequel renferme le chef de S. Lubin, évêque de Chartres, mort en 551.

Un petit tableau de vermeil doré, fermant à volets, danslequel il y a du bois de la vraie croix, apporté de la Terre sainte par Hervé, chanoine de Chartres. (Haut. 5 à 6 pouc., larg. 4 à 5 pouc.).

Un calice en vermeil avec sa patène, de 6 pouces de hauteur ; c'est celui de S. Yves.

Le chef de S. Mathieu renfermé en un buste de vermeil doré (hauteur 17 pouces): on a scié, au bas du crâne par derrière, plusieurs morceaux, pour donner à des personnes de grande qualité ; apporté de Constantinople en 1205 par Gervais, comte de Châteauneuf, qui le donna à l'église de Chartres ; en 1355 le chapitre fit faire ce buste par Jean Duhan, orfévre, et donna 54 marcs 9 onces et demie d'argent, et 25 écus d'or.

Une main de vermeil renfermant des reliques de S. Etienne, pape, premier de ce nom. Il porte les armes de Jacques Fouré, de Mainvilliers, évêque de Châlons. (Longueur 7 pouces, largeur 5 pouces, hauteur 5 pouces).

Un grand calice d'argent avec sa patène, pesant 12 marcs et demi, donné par le maréchal d'Ornano le jour de la Chandeleur 1602.

Le chef de S. Théodore, donné en 1120 par Geoffroy de Lèves, évêque de Chartres, enfermé dans une châsse à six faces... (Hauteur 17 pouces, largeur 9 pouces). Il y a dans cette châsse deux écrits en parchemin ; l'un, des commis de l'œuvre, qui certifie que ce chef de S. Théodore était autrefois dans une châsse d'argent doré qui fut prise sous Charles IX, et qu'il fut remis en celle-ci sous Henri III, laquelle fut bénie par M. de Thou, évêque ; l'autre est un certificat de M. Mahon, orfévre, qui atteste avoir refait cette châsse en 1576 ; que le chef qui était dedans avait été dépouillé de sa première châsse qui pesait 19 marcs d'argent doré, du temps de Charles IX,

et

et qu'il fut pris en même temps, en ladite église, 120 marcs d'or et 6 à 700 marcs d'argent de toutes sortes d'ouvrages de reliquaires de l'église, par ordre du roi, à cause des nécessités du royaume, pour écarter les hérétiques ; et qu'il fut bien ôté de la sainte châsse 40 belles pièces d'or de plusieurs histoires ; qu'il y avait de beaux rubis balais, émeraudes et belles perles, qui furent vendues en 1562, et par lui estimées à 10,000 liv., tant l'or, l'argent, que pierreries et perles, qui furent employées pour le roi....(Toutes les reliques de l'église furent portées, par l'ordre des commissaires du roi, dans l'hôtellerie de la Fleur de Lis, attenant la montée de la porte Guillaume, où ils étaient logés. On en apprécia toutes les argenteries et pierreries, lesquelles furent conduites ensuite à Paris et vendues ; l'on en racheta partie : il n'y eut que la sainte châsse qui ne sortit point de l'église, les habitans ne l'ayant jamais voulu permettre, et donnèrent des ôtages pour la représenter).

Un reliquaire composé de deux cylindres de cristal en croix, ayant des reliques de S. Luc, évangéliste, et de S. Vincent, martyr. Il est porté par un chérubin. Sur le haut du second cylindre on lit sur un vélin : *De S. Marci evangelistæ corpore. — Dens S. Sixti primi Remorum episcop.*

Un reliquaire appelé des Maries, fait d'un cylindre de cristal ; sur deux morceaux de vélin il se lit :

1.º *Hic sunt istæ reliquiæ :* 1.º *de lacte beatæ Virginis ,*

De ligno crucis , B. Petri apostoli......

2.º *Ceciliæ , Vincentii , Nicasii.....*

Ces reliques sont dans un taffetas rouge, avec lequel il y en a un autre où sont des ossemens des

Maries..... d'où ce reliquaire a pris le nom. Il fut présenté en 1449, sous ce titre, par M. l'archevêque de Tours.

Une vierge d'argent tenant son fils (haut. 13 pouc.); proche d'elle est une femme à genoux, représentant Madame Marie de Luxembourg, veuve de Philip.-Emm. de Lorraine, duc de Mercœur, qui a donné cette figure en reconnaissance de la guérison qu'elle obtint en 1618, par l'intercession de la sainte vierge, pour Madame la duchesse de Vendôme, sa fille, abandonnée des médecins.....

Deux grands chandeliers d'argent d'environ 5 pieds de haut, pesant chacun 80 marcs, présent du roi Louis XIII en 1637, qui donna en outre 500 liv. de rente à prendre sur la généralité d'Orléans, pour y entretenir des cierges de cire blanche au jour des grandes fêtes.

Une châsse de bois doré (long. 22 pouc., larg. 8 pouc., haut. 17 pouc.), qui renferme les reliques de Sainte Thècle. Il s'y trouve des reliques de S. Côme, et des morceaux d'une grande boîte d'ivoire, sur lesquels est représenté le martyre de Sainte Thècle. *Ces fragmens d'ivoire ont été retrouvés lors de l'exhumation de S. Piat.*

Ces reliques étaient autrefois dans une châsse d'argent pesant 17 marcs, qui fut vendue en 1562.

Une châsse couverte d'argent doré (long. 24 pouc., larg. 12 pouc., haut. 23 pouc.), renfermant le corps de S. Tugdual, évêque de Tréguier. Il vivait en 514.

Une châsse d'un bois tout uni, de la longueur d'un corps entier. (Longueur 6 pieds, largeur 19 pouces, hauteur 23 pouces). Celui de S. Piat, martyr, est dedans.

Une châsse (long. 27 pouc., larg. 13 pouc., haut.

24 pouc.) , contenant des reliques de S. Caletric ,
évêque de Chartres , mort en 571 ; l'église d'Orfin
près Rambouillet est dédiée en son nom.

Le bénitier de l'église de Chartres pesant 10 marcs
3 onces avec l'anse ; le goupillon pèse 7 onc. et demie.

Une châsse (long. 35 pouc., larg. 15 pouc., haut.
27 pouc.), couverte de lames de cuivre , renfermant
le corps de S. Taurin , évêque d'Evreux , qui est
invoqué dans le pays chartrain contre les grandes
sécheresses.

Une châsse (long. 28 pouc., larg. 13 pouc., haut.
23 pouc.) , contenant partie du corps et le chef de
S. Bohaire , *alias* Béthaire , 20.e évêque de Chartres ,
qui fut élevé à l'épiscopat en 594. (*Gallia christiana*).

Une châsse (long. 23 pouc. , larg. 12 pouc. , haut.
21 pouc.), contenant différens ossemens de plusieurs
saints , et notamment de S. Solin , évêque de Chartres ,
catéchiste de Clovis (et duquel est parlé en la vie de
Sainte Geneviève) , mort le 24 Septembre 507.

Deux grands tableaux en broderie : l'un , de
13 pieds de longueur sur 8 de hauteur , représente
l'assomption de la sainte vierge ; au bas , d'un côté , est
le roi Jean avec ses deux fils , Charles V et Louis
d'Anjou ; et , de l'autre côté , la reine Bonne de
Luxembourg , sa femme , accompagnée de deux de
ses filles. L'ouvrage est une broderie extrêmement
relevée ; les vêtemens sont d'or *nué* , enrichis de
pierreries et de perles. Les carnations sont d'un
point refendu plus fin que le satin. Le duc de Berry
en fit présent en 1406 , pour servir de retable au
grand autel. Il a coûté 10,000 écus.

L'autre , ayant aussi 13 pieds de long. sur 7 à 8 de
haut. , représente l'histoire de la passion et de la résur-
rection de J. C. Cet ouvrage est admirable et d'un

dessin beaucoup plus moderne que celui du roi
Jean. Il est d'or nué en broderie mêlé de différens
points ; les contours et le bord des draperies sont
enrichis de perles fines ; il y en a trois extraordinai-
rement grosses qui forment la tête des clous avec
lesquels le sauveur est attaché sur la croix. Le cadre
qui est d'architecture faite de point traîné, est aussi
rempli de perles. Il fut donné, le 12 Avril 1556,
par M. François Bohier, évêque de Saint-Malo,
chanoine et prévôt de Normandie, en l'église de
Chartres. Il est estimé 50,000 écus. Ils étaient dans
le chœur, ils en furent ôtés en 1714 et 1716 pour
être placés dans la sacristie. (Ils furent vendus en
980 ; l'un d'eux fut seulement porté à 500 liv.
environ, et adjugé à un brocanteur).

Ne sont point compris tous les vases sacrés et
autre argenterie, tant de l'église haute que de l'église
dite de sous-terre, qui étaient en très-grande quantité et fort riches, et auxquels furent réunis, pendant
la révolution, les vases sacrés et argenterie des paroisses de Chartres et des monastères.

Nous ne parlons pas non plus de la grande quantité
d'ornemens de la cathédrale, des paroisses et des
monastères, qui tous étaient extrêmement riches,
et ont également disparu. Il y avait entr'autres à la
cathédrale une chasuble et deux tuniques brodées
entièrement en perles fines, et qui ne servaient
qu'aux seules fêtes de Noël et Pâques. Elles étaient
d'un prix infini.

PIÈCES JUSTIFICATIVES.

PRÉFECTURE DU DÉPARTEMENT D'EURE ET LOIR.

PROCÈS-VERBAL D'ENQUÊTE

SUR LE CORPS DE S. PIAT.

16 *Août* 1816.

N.º 1.

Sur l'exposé fait à Monsieur le Comte DE BRETEUIL, Préfet d'Eure et Loir, par des personnes pieuses et recommandables, qu'à l'époque de la terreur et de la profanation des églises, il existait dans l'église de N. D. de la ville de Chartres, une châsse en bois de rose, en forme de tombeau, surmontée d'une couronne d'argent et enrichie de plusieurs lames du même métal, qui renfermait le corps entier de S. Piat ; qu'à cette époque désastreuse les révolutionnaires s'emparèrent de tous les objets précieux qui garnissaient le trésor de ladite église, et notamment de la châsse de S. Piat, dont ils brisèrent le coffre et volèrent les riches ornemens, en laissant le corps du saint, et le faisant enterrer dans un angle du cimetière de S. Jérôme, lieu ordinaire de la sépulture des chanoines de la cathédrale et réuni aujourd'hui aux jardins de l'hôtel de la Préfecture ; que le vœu des fidèles est, s'il est encore possible, de recueillir ces saintes reliques pour être rendues et exposées à la vénération du peuple qui en a souvent éprouvé les secours les plus efficaces dans les calamités publiques, et la puissante intercession pour ramener la sérénité du ciel, et un temps propice à la maturité des biens de la terre ;

En vertu des pouvoirs spéciaux qui nous ont été délégués par la lettre de M. le Préfet, du 15 Août présent mois, à l'effet de prendre des informations sur les circonstances de cet acte sacrilége, et d'employer les plus scrupuleuses précautions pour faire exhumer le corps du saint, et en reconnaître l'identité ;

Nous *Jacques-Michel* HACHE-SERVANT, Conseiller de Préfecture, avons mandé et fait appeler devant nous les témoins qui nous ont été indiqués par la lettre de M. le Préfet, et qui nous ont fait les déclarations suivantes :

1.º Pantaléon *Darde*, vigneron aux Vauroux, fossoyeur de la commune de Chartres, âgé de 46 ans, lequel a déclaré,

Qu'au mois de Décembre 1793 ou 1794, il y a 22 ou 23 ans, il fut requis, comme fossoyeur ordinaire, par les autorités d'alors, de se rendre au cimetière de S. Jérôme pour y faire le service de son état ; qu'il y trouva les S.rs *M....*, *P.....* et *B.....*, membres de la municipalité (ces deux derniers décédés depuis), et revêtus de leurs écharpes, qui lui donnèrent l'ordre de creuser une fosse ; que cette fosse fut ouverte dans les dimensions ordinaires, à six pieds de profondeur et à deux pieds environ de largeur, à peu de distance de l'ancien mur de séparation qui n'existe plus, environ deux pieds de distance, de manière qu'il ne restait entre la fosse et le mur que la place nécessaire au jet des terres ; qu'elle est placée à-peu-près au pied de la tour de la chapelle de S. Piat, du côté du nord, et à peu de distance d'un pilier de ladite chapelle et de la porte des anciennes archives ; que ce terrain est aujourd'hui couvert de quelques arbres, et particulièrement par un arbre de Sainte-Lucie ; que lors de sa réunion aux jardins de la

Préfecture, le même terrain a été nivelé et baissé d'environ 18 pouces, ce qui diminue d'autant la profondeur de la fosse de S. Piat; que la fosse étant creusée, les municipaux ci-dessus dénommés, après avoir fait briser dans la sacristie la châsse et détacher les plaques d'argent dont elle était ornée, lui ont remis le corps du saint placé dans un cercueil de bois qu'ils avaient fait faire; que ledit Darde, fossoyeur, après avoir bien examiné ce corps, a reconnu qu'il était entier, totalement desséché, pouvant peser environ 60 livres, enveloppé de cinq linges ployés les uns sur les autres; que la tête, les mains et les pieds étaient à découvert; qu'il a déposé le corps dans le fond de la fosse sans y laisser le cercueil de bois qu'il a été forcé de retirer d'après les ordres du S.ᵣ P....., et qu'il a placé le corps sur le dos, et enveloppé des cinq linges qui l'entouraient;

Que ce même cercueil a servi ensuite à rassembler et à contenir différens ossemens enlevés dé plusieurs reliquaires déposés dans le même trésor, qui ont été également violés et pillés; que ces ossemens ont été apportés au cimetière S. Jérôme et versés du cercueil dans la même fosse sur le corps de S. Piat enveloppé, et placé dessous; qu'il sera facile de distinguer ces ossemens qui sont en dessus, et qu'ils peuvent être ôtés séparément et sans confusion avec le corps du saint; qu'avant de clorre la fosse on a jeté dedans un minot de chaux et repandu trois seaux d'eau pour opérer la dissolution, et qu'enfin la fosse a été comblée avec les terres qui provenaient de son ouverture.

A lui demandé s'il connaissait et s'il pouvait indiquer les noms d'autres personnes qui eussent pris part à cette opération, et s'il avait d'autres renseignemens à donner,

A répondu qu'il ne se rappelait que les trois individus ci-dessus, d'après la réquisition desquels il agissait; qu'il y en avait plusieurs autres dans la sacristie occupés à vider

les reliques de leurs châsses, et à enlever les métaux précieux dont elles étaient garnies ; que la plupart d'entre
eux étaient attachés ou aux administrations, ou à la société
populaire ; qu'il n'a omis aucune circonstance essentielle,
et que la seule révélation qui lui reste à faire, c'est qu'il
a coupé une petite partie de l'un des linges qui enveloppaient
le corps de S. Piat.

Nous lui avons enjoint de rapporter ce morceau de linge
pour servir de pièce de comparaison, s'il y a lieu, et de se
rendre avec ses outils, mardi prochain 20 de ce mois, à
midi précis, à la Préfecture, pour procéder, en présence
des personnes qui seront appelées, aux travaux et fouilles
à faire pour l'exhumation du corps de S. Piat.

Ledit Darde a déclaré ne savoir signer.

Fait à Chartres, le 16 Août 1816.

HACHE.

Ledit jour seize Août mil huit cent seize, six heures
après midi, sont comparus :

2.° Le S.r Martin *Dauphinot*, l'un des marguilliers de
l'église N. D., âgé de 80 ans, demeurant à Chartres,
lequel nous a déclaré ;

Que le dépouillement des châsses remonte à 22 ans ;
que celle de S. Piat avait été profanée comme toutes les
autres ; qu'il y était présent, mais qu'il n'avait pu rester
jusqu'à la fin, et qu'il s'était retiré pour n'y pas prendre
part, ni être témoin de pareilles abominations ; qu'il n'avait
donc point assisté à la remise du corps de S. Piat au fossoyeur,
ni à son inhumation, et qu'il ne pouvait fournir aucune in-
dication positive, tant sur le lieu de la sépulture que sur les
personnes qui y ont coopéré.

Nous avons fait observer au déclarant qu'il devait se rappeler quelques circonstances, et les noms de quelques
individus, puisqu'il était présent au pillage de l'église ;

et qu'il devait d'autant moins hésiter à nous faire la déclaration franche et l'aveu de tout ce qu'il savait, que la
présente enquête avait moins pour objet de poursuivre les
spoliateurs que de rassembler les indices propres à assurer
la reconnaissance et à constater l'identité de la relique.

Il a persisté dans la même déclaration, et a seulement
ajouté qu'il existait encore dans une partie de l'église souterraine une boîte en bois, qu'il croyait être la châsse
intérieure de S. Piat, recouverte depuis par une autre
châsse plus riche et d'un bois plus précieux.

Nous l'avons invité à représenter cette boîte à l'assemblée
convoquée pour le 20 de ce mois, et à la faire disposer et
rétablir, pour recevoir les résultats que pourrait offrir
l'exhumation ; ce qu'il a promis de faire.

Et a ledit S.ʳ Dauphinot signé avec nous.

DAUPHINOT.HACHE.

3.º François-Antoine *Mahaut*, employé aux travaux de
l'église N. D., âgé de 49 ans, domicilié à Chartres, lequel
a déclaré,

Que feu *Minière*, portier de l'hôtel de la Préfecture,
lui a montré en présence de *Joseph*, jardinier, le lieu où
le corps de S. Piat avait été enterré ; que feu *Minière* lui
a dit avoir été présent à cette inhumation, et que le lieu
de la fosse indiqué audit *Mahaut* par *Minière* est absolument
le même que celui désigné dans la déclaration qui a été faite
ci-dessus par le fossoyeur.

Le déclarant ne sait signer.

HACHE.

Le dix-huit Août mil huit cent seize, est comparu :

4.º Pierre-Louis-Auguste *Hargault*, porteur d'eau, rue
des Barrières, à Chartres, âgé de 73 ans, lequel a déclaré,

Qu'à l'époque de la profanation du trésor de l'église de

N. D. , il était établi gardien de ladite église ; qu'il ne se rappelle pas précisément en quelle année , mais qu'il croyait que c'était à la fin de 1794 , et qu'il faisait déjà froid ; qu'il était à l'enlèvement des châsses , et à l'extraction du corps de S. Piat du tombeau dans lequel il était déposé ; qu'il se souvient que le corps du saint était entier et enveloppé de linges , à l'exception des extrémités ; qu'il a aidé Pantaléon *Darde* , fossoyeur , à enterrer le corps dans le cimetière de S. Jérôme , auprès de la tour du nord de la chapelle adossée au rond-point de l'église de N. D. ; qu'il n'y a point eu de cercueil mis en terre , mais seulement le corps de S. Piat ; qu'on a jeté aussi dans la même fosse d'autres ossemens et d'autres reliques , notamment celles de S. Taurin et la tête de Sainte Anne.

Interrogé sur la circonstance de savoir si le corps de S. Piat avait été déposé le premier dans la fosse et placé au fond , a répondu qu'il ne s'en rappelait pas , et qu'il ne pouvait donner à cet égard une déclaration positive ;

Qu'avant de fermer la fosse on avait répandu et éteint environ un minot de chaux sur le corps du saint et sur les autres ossemens.

Et ledit *Hargault* a signé avec nous , après avoir été requis de se trouver à l'exhumation indiquée pour le 20 de ce mois , à midi précis.

P. L. A. HARGAULT.　　　　HACHE.

EXTRAIT

Des délibérations du Conseil Épiscopal de Chartres , dans la séance du vendredi 16 Août 1816.

L'AN mil huit cent seize , le seize Août , nous président et membres du conseil épiscopal séant à Chartres , étant assemblés en vertu d'une lettre de M.gr l'évêque de Ver- sailles , par laquelle il aurait répondu à la proposition qui lui aurait été faite par nous , sur la demande de M. le COMTE DE BRETEUIL , Préfet du département d'Eure et Loir , Maître des Requêtes , et Chevalier de l'Ordre royal de la Légion d'honneur , de nommer des commissaires *ad hoc* pour procéder à la recherche des reliques de S. Piat , et il nous aurait autorisés à en nommer en son lieu et place ,

Nous nous sommes d'abord fait représenter la lettre de M. le comte De Breteuil , en date du 5 Août présent mois , laquelle exprime son vœu et celui de plusieurs habitans de cette ville pour ladite recherche ; ensuite celle de M. Cognery , un de nos collègues , adressée à Mgr notre évêque , en date du 9 du même mois , sur le même objet , et enfin la réponse du prélat , en date du 13 suivant.

Lecture faite de ces lettres , nous nous sommes occupés de la nomination de MM. les commissaires pour ladite recherche des reliques de S. Piat ; et après avoir délibéré , nous avons choisi et nommé , choisissons et nommons commissaires en cette partie ,

MM.

ACHER *(Joseph-Jacques-Sylvestre)*, ancien chanoine de Notre-Dame de Chartres ;

COSTÉ *(Louis-Jacq.)* , ancien aumônier de Mgr l'évêque de Chartres ;

LE TEXIER-MONTAINVILLE *(Charles-Théophile) ;*

DE GOGUÉ *(Jacques - Armand - François)* , Comte de Gogué , chevalier de l'Ordre royal et militaire de S. Lazare , ancien capitaine du régiment Royal-Navarre cavalerie ;

HÉRISSON *(Charles-Claude-François)* , avocat , suppléant du tribunal civil , de la justice de paix ;

LATOUR *(Charles-François)* , homme d'affaires.

Nous avons enfin arrêté , après nous être concertés avec M. le Comte de Breteuil , qu'il serait fait à chacun d'eux une invitation individuelle de vouloir bien se réunir mardi prochain , 20 du courant , à midi précis , en l'hôtel de la

Préfecture, pour de là, après les interrogatoires préalables, se rendre dans les jardins y attenans, sur le lieu même où le corps du saint est dit avoir été déposé dans le temps d'anarchie ; et là, en présence de M. le Comte de Breteuil, et sous son bon plaisir, aussi en présence d'un commissaire nommé par lui, de médecins, et de plusieurs témoins à ce invités, faire faire une fouille tendante à recouvrer les restes précieux du saint martyr.

Fait en conseil, à Chartres, les jour et an que dessus.

Signé MAILLARD, curé de N.-D., membre du conseil.

LESAGE, curé de S. Pierre.

COGNERY, membre du conseil épiscopal.

MITOUFLET, président du conseil épiscopal séant à Chartres.

Pour copie conforme :

COGNERY, *membre du conseil épiscopal.*

N.º 3.   AUJOURD'HUI vingt Août mil huit cent seize, heure de midi, en l'hôtel de la Préfecture,

Sous la présidence de M. le COMTE DE BRETEUIL, Préfet d'Eure et Loir, Maître des Requêtes, Chevalier de l'Ordre royal de la Légion d'honneur,

Se sont réunis, d'après les lettres de convocation à eux adressées,

MM.

HACHE-SERVANT (*Jacques-Michel*), conseiller de Préfecture, commissaire délégué par M. le Préfet ;

MAILLARD (*Augustin*), curé de la paroisse de N. D. de Chartres ;

LESAGE (*Jean-Charles*), curé de la paroisse de S. Pierre de Chartres ;

COGNERY (*Louis-Pierre*), prêtre ;

Tous trois membres du conseil épiscopal ;

ACHER (*Joseph - Jacques - Sylvestre*), ancien chanoine de N. D. de Chartres ;

COSTÉ *(Louis-Jacq.)*, ancien aumônier de M.gr l'évêque de Chartres ;

LE TEXIER-MONTAINVILLE *(Charles-Théophile)*, membre du conseil d'arrondissement et conseiller municipal ;

DE GOGUÉ (*Jacques-Armand-François*), comte de Gogué, chevalier de l'Ordre royal et militaire de S. Lazare, ancien capitaine au régiment Royal-Navarre cavalerie ;

HÉRISSON (*Charles-Claude-François*), avocat, suppléant du tribunal civil, et de la justice de paix du canton nord de Chartres ;

LATOUR (*Charles-François*), homme d'affaires ;

Tous six commissaires nommés par MM. les membres du conseil épiscopal, en leur séance du seize Août présent mois, dont l'extrait signé pour copie conforme, *Cognery*, membre du conseil épiscopal, a été joint à la minute du présent ;

BILLARD ST.-LAUMER (*Dominique-Laumer*), maire de la ville de Chartres ;

CHASLES (*Pierre-Claude*), premier vicaire de l'église paroissiale de N. D. de Chartres ;

BOUVET (*Jean-Tite-Eloi*), doyen des notaires de Chartres ;

Tous trois commissaires nommés par M. le Préfet ;

NIEL (*Jean-César-Justin*), docteur en médecine et en chirurgie, membre de l'ancienne Académie de Paris, et chevalier de l'Ordre royal de la Légion d'honneur ;

COSME *(Louis-Richard-Augustin)*, docteur en médecine, et médecin des hôpitaux de Chartres ;

Et BADOLLIER (*Jean-Baptiste-Victor*), pharmacien ;

Tous trois invités comme hommes de l'art ;

Pantaléon Darde, *Martin* Dauphinot, *François-Antoine* Mahault, et *Pierre-Louis* Hargault, tous quatre témoins

dénommés au procès-verbal d'enquête reçu par M. Hache-
Servant, commissaire délégué, les seize et dix-huit Août
présent mois.

M. le Préfet a exposé qu'il avait été instruit que, pendant
les temps d'anarchie et de la profanation des églises, les
révolutionnaires s'étaient emparés de tous les objets précieux
qui existaient dans l'église cathédrale de Notre-Dame de
Chartres ; qu'ils avaient brisé les châsses qui renfermaient les
ossemens et reliques des saints, et notamment celle de
S. Piat, dans laquelle était conservé le corps entier de ce
saint martyr, objet de la vénération du peuple, et souvent
exposé dans les calamités publiques, afin d'obtenir, par
sa puissante intercession, la sérénité du ciel, et un temps
propice et favorable à la maturité des récoltes ; qu'ils ont
fait enterrer le corps de ce saint dans un angle du cimetière de S. Jérôme, lieu ordinaire de la sépulture des
chanoines de la cathédrale, aujourd'hui réuni au jardin de
la Préfecture ; que pour satisfaire les vœux des fidèles, il
désire que, s'il est possible encore, on recueille, avec le
plus grand soin et les plus grandes précautions, ces saintes
reliques, pour les restituer à la religion et à la piété qui les
réclament ; comme aussi qu'il est instruit que l'on a violé
dans le même temps les autres reliques et châsses qui étaient
renfermées dans le trésor de l'église cathédrale ; que non
contens de voler les ornemens en or et argent qui les dé-
coraient, les spoliateurs dans leur frénésie ont fait jeter les
ossemens, objets de la piété publique, sans aucun choix ni
précaution, dans la fosse qu'ils firent ouvrir pour y dérober
le corps de S. Piat à la vénération des fidèles ; qu'il désirait
que ces ossemens et reliques sacrées fussent recherchés
avec soin pour les rendre également à la religion et à la
piété ; que déjà il avait pris les précautions les plus grandes
pour constater ces sacriléges, et le lieu dans lequel on avait
déposé toutes ces reliques et ces ossemens ; et que pour

parvenir à les recouvrer, lecture allait être faite du procès-verbal d'enquête faite par M. Hache-Servant, commissaire par lui délégué à cet effet ; lequel sera annexé au présent.

Lecture faite de ce procès-verbal, MM. les membres du conseil épiscopal ont invité MM. les commissaires par eux choisis de nommer un secrétaire à l'effet de dresser procès-verbal de tout ce qui sera fait pour parvenir à exhumer le corps de S. Piat : MM. les commissaires ont, à la majorité des voix, nommé M. Hérisson secrétaire, lequel a accepté.

Darde et Hargault ont de nouveau été entendus en leurs déclarations, et ont persisté dans tout ce qu'ils avaient déjà déclaré.

On a demandé à Darde qui avait descendu le saint dans la fosse ?

A répondu que c'était lui avec Hargault.

A lui demandé quelle était la position des bras du saint martyr ?

A répondu qu'un des bras, avec la main, reposait sur la poitrine du saint, sans pouvoir se rappeler si c'était la main droite ou la gauche, et que l'autre reposait le long du corps.

A lui demandé quelle était la position de la tête et si elle était attachée au corps ?

A répondu qu'elle était droite, qu'elle tenait peu au corps, mais n'en paraissait pas entièrement séparée.

A lui demandé si le corps du saint était vêtu ?

A répondu que le corps du saint était vêtu jusqu'à la poitrine de diverses étoffes de linge et soie.

En cet instant M. Hérisson a observé que le saint martyr devait avoir la main droite sur la poitrine, et a présenté un manuscrit à lui appartenant, petit *in-fol.* relié en veau brun, écriture du commencement du dix-huitième siècle, intitulé :

« Extrait de la parthénie ou histoire de Chartres manuscrite,

« composée par M. J. B. Souchet, chanoine de Chartres,

» et daté 1701 », dans lequel, page 560, ligne onzième,
se lit :

« Cette même châsse (de S. Piat) fut ouverte l'an 1520
» par Louis, cardinal de Bourbon, évêque du Mans, qui
» le trouva tout entier, et lui mit la main droite sur l'estomac,
» en laquelle posture elle fut encore trouvée dans cette der-
» nière ouverture (le 6 Octobre 1591) ».

Il a ajouté que la position de la main droite du saint martyr
se trouve encore confirmée par le procès-verbal d'ouverture
de la châsse du saint faite le 20 Décembre 1708 par M. Paul
des Godets, évêque de Chartres, et dont il a représenté une
copie étant à la page 175 d'un autre de ses manuscrits, petit
in-4.° relié en veau brun, ayant pour titre : « Inventaire
» des reliques.... dans l'église cathédrale de Chartres, fait
» en 1683, revu et collationné par MM. Brillon, chanoine
» et chancelier, De Persy et Le Tunays, aussi chanoines...
» l'an 1726 », et dans lequel on lit :

» *Invenimus corpus humanum integrum........ manu
dexterâ super pectus, lævâ ad latus positâ.....*

M. Hérisson a ajouté que, pour parvenir à reconnaître
les reliques et ossemens vénérables qui étaient dans le trésor
de la cathédrale, il avait compulsé les manuscrits de sa
bibliothèque, savoir : un petit *in-4.°* ayant pour titre :
Catalogue des reliques de l'église de Chartres 1682, contenant 76 feuillets, relié en veau brun, qu'il a présenté ; et le
second, l'inventaire des reliques revu et collationné en 1726,
cité ci-dessus ; d'après lesquels il est constaté qu'il existait
dans le trésor de la cathédrale plusieurs reliquaires et châsses
contenant, 1.° deux os de S. Serge et de S. Bache ;

Une côte de S. Denis l'aréopagite ;

Un os de S. Mathieu ;

Un autre de S. Simon, apôtre ;

Des reliques de S. Léger ;

2.° Le chef de Sainte Amplonie, martyre ;

3.° Le

3.° Le corps de S. Turien, évêque de Dol ;

4.° Le chef de Sainte Anne ;

5.° Le chef de S. Lubin ;

6.° Le chef de S. Mathieu ;

7.° Le chef de S. Théodore, martyr ;

8.° Le corps de S. Tugdual, évêque de Tréguier ;

9.° La châsse de *S. Piat, martyr* et évêque de Tournay en Flandre, *contenant le corps entier de ce saint martyr ;*

10.° S. Caletric, évêque de Chartres ;

11.° S. Taurin, évêque d'Evreux ;

12°. Partie du corps de S. Bohaire et son chef, évêque de Chartres ;

13.° Des ossemens de plusieurs saints, et notamment de S. Solin, évêque de Chartres, mort le 24 Septembre 507. »

Lesquels manuscrits M. Hérisson a demandé être certifiés, afin d'ajouter à l'authenticité des reliques et ossemens sacrés à la recherche desquels on va procéder.

Est intervenu ensuite le S.ʳ *Garnier,* marchand sabotier, demeurant à Chartres, lequel a dit « qu'il avait été officier
» porte-masse du chapitre de Chartres ; qu'en cette qualité il
« était l'un des commis à la garde et conservation des châsses
» renfermées dans le trésor de la cathédrale ; qu'il a vu
» plusieurs fois le corps de S. Piat ; qu'il l'avait mesuré,
» et que son corps avait cinq pieds deux pouces de hauteur ;
» que ses membres étaient flexibles, qu'il avait le bras
» droit avec la main reposant sur la poitrine, qu'il a plusieurs
» fois levé son bras ; que la translation du corps du saint
» dans la châsse qui a été profanée et brisée par les révo-
» lutionnaires, avait été faite en 1750 ou 1751 par M. de
» Fleury, alors évêque de Chartres ; qu'il avait vu tous les
» procès-verbaux renfermés dans cette châsse, notamment
» ceux de 1310, 1520, 1609, et celui de M. de Fleury,
» signé *Masson* et *Sébastien Lesage ;* lequel dit que le
» saint avait la main droite sur la poitrine, qu'il en a même

» pris des notes qu'il a représentées ; qu'enfin il a vu brûler
» tous ces procès - verbaux en 1793 , lors de la profanation ;
» de plus , qu'il est à sa connaissance que l'on conservait
» dans le trésor de la cathédrale beaucoup d'autres reliques
» et ossemens de saints , tels que S. Taurin , qui était exposé
» et invoqué pour obtenir , par son intercession , de la pluie ;
» S. Caletric , S. Tugdual , le chef de Sainte Anne , S. Solin ,
» le chef de S. Lubin , et autres saints ».

A une heure et demie , nous nous sommes transportés tous
avec M. *Gaudefroy* (Charles-Antoine) , *comte de Persan* , et
avec M. le chevalier *de St.-Victor* , secrétaire général de
la Préfecture d'Eure et Loir , intervenans , sur la partie des
jardins de la Préfecture , connue sous le nom de cimetière
de S. Jérôme ; et étant au bas de la tour de la chapelle de
S. Piat située au nord du rond-point de l'église N. D. , *Darde*
a indiqué une place au bas de cette tour , au milieu de deux
petites croisées , qu'il a dit reconnaître pour être celle où il a
creusé la fosse dans laquelle le saint martyr a été déposé ,
avec toutes les autres reliques des saints renfermées dans le
trésor de la cathédrale de Chartres ; lesquelles ont été posées
sans précaution et avec la plus grande confusion , sur la terre
dont il avait recouvert le corps de S. Piat ; et qu'il la re-
connaît même , parce qu'il se souvient qu'il y avait très-peu
de distance entre le mur et la fosse du saint , et qu'il avait
beaucoup de peine à mettre la terre. *Hargault* a confirmé
cette déclaration. Darde et Hargault , après avoir arraché
les arbres et arbustes plantés en cet endroit , ont commencé
à ouvrir le terrain dans la longueur de six à sept pieds ,
et dans la largeur de trois à quatre pieds. Parvenus à la
profondeur de cinq pieds , sans que cette fouille ait présenté
aucun indice favorable , il est survenu une pluie abondante
qui a nécessité la suspension des travaux.

M. *Dauphinot* a été invité de représenter la boîte en bois
que , dans sa déclaration du seize Août présent mois , il a dit

exister encore dans l'église souterraine de N. D. , et qu'il croyait être la châsse intérieure de S. Piat, recouverte depuis par une châsse plus riche et d'un bois plus précieux.

Cette boîte a été apportée et déposée dans une chambre où le chapitre de Chartres tenait autrefois ses assemblées, ayant vue sur le cimetière de S. Jérôme, ayant servi depuis au dépôt des archives du département, et ayant actuellement une entrée par le cimetière de S. Jérôme , laquelle n'a été ouverte que depuis l'inhumation des saintes reliques , ainsi qu'il est attesté par M. *Dauphinot, Darde* et *Hargault.* Cette boîte , de la longueur de cinq pieds sept pouces trois lignes , ayant un pied neuf pouces six lignes en largeur , et treize pouces neuf lignes en hauteur , est en bois de châtaignier, avec un couvercle mobile , dont une planche de la largeur de six pouces et demi est brisée ; elle porte l'empreinte de plusieurs sceaux en cire rouge, dont quatre sont encore apparens , mais ne présentent que des fragmens sur lesquels on aperçoit les cordons du chapeau épiscopal , qui annoncent qu'ils étaient les sceaux du dernier évêque qui a fait l'ouverture ou la translation du saint martyr.

Elle a été reconnue et attestée par le sieur *Garnier*, *Darde* et *Hargault*, pour être celle de laquelle le corps du bienheureux S. Piat a été extrait , lors de la violation de sa châsse.

M. *Dauphinot* a été invité de faire rétablir le couvercle , lequel a été enlevé , et la boîte est restée dans la chambre ci-dessus désignée , dont les clefs ont été , du consentement de M. le Préfet, remises à M. l'abbé *Costé,* pour par lui les représenter à la séance prochaine.

Il a été arrêté que les travaux seraient continués demain vingt-un Août à six heures du matin , auxquels jour, lieu et heure nous nous sommes ajournés, et avons signé, à l'exception de *Darde* et de *Mahaut* qui ont déclaré ne le savoir.

Ainsi signé après lecture faite.

(Suivent les signatures).

Aujourd'hui vingt-un Août mil huit cent seize, six heures du matin,

Nous, nommés et désignés au procès-verbal du jour d'hier, et au désir de notre intimation, étant réunis aux lieu et place où les travaux ont été commencés, avons fait continuer les fouilles. Les ouvriers parvenus à la profondeur de six pieds, et n'ayant encore rencontré aucuns des indices qui doivent nous conduire à la découverte des précieuses reliques, objets de nos recherches, avons arrêté qu'il serait ouvert une nouvelle fosse, que *Darde* a déclarée et indiquée être en face de la seconde croisée de la chambre du chapitre désignée en notre procès-verbal du jour d'hier, et dans la direction du midi au couchant. Cette ouverture commencée, est intervenu le S.ᵣ *Delafoy* (Louis), maître-tailleur d'habits, ancien musicien de la cathédrale, lequel a dit avoir connaissance que le corps de S. Piat n'a point été déposé dans l'endroit où la terre est ouverte, ni dans la direction que l'on donne à cette ouverture, mais au contraire dans la direction du nord à l'ouest, et qu'il tient ces renseignemens des nommés *Enault* et *Mahay*, qui étaient présens lors de l'inhumation du saint martyr ; que de plus il sait que le saint était tout entier et vêtu de plusieurs robes en toile et en soie.

MM. *Garnier* et *Delafoy* se sont offerts d'aller chercher *Enault* et *Mahay*, lesquels sont arrivés, et ont dit, savoir : *Enault* (Jacques), âgé de 66 ans, demeurant à l'hospice des vieillards, qu'il était huissier du tour du chœur avant la suppression du chapitre de N. D. ; que depuis il fut établi gardien intérieur de l'église N. D. à l'époque de la profanation en 1793 ; qu'il a vu l'extraction sacrilége des reliques et des corps saints ; qu'il a vu déposer le vénérable S. Piat dans la fosse, laquelle est située au bas de la tour existante à environ vingt-cinq pieds de l'ancienne entrée du cimetière S. Jérôme, et au long du pilier le plus près de cette tour, et au bas d'une croisée entre la tour et ce pilier.

A lui représenté la boîte ou caisse dans laquelle le saint était déposé, et qui était renfermée dans la châsse,

Il a dit qu'il la reconnaissait parfaitement, et que l'on avait fait faire un cercueil pour inhumer S. Piat et les autres saints qui étaient dans le trésor de la cathédrale, mais *qu'un individu en écharpe* s'y opposa, et que le corps du saint fut déposé sur la terre; que l'on répandit de la chaux sur le saint, et qu'ensuite l'on jeta de l'eau sur cette chaux; que l'on inhuma aussi dans la même fosse les autres reliques des saints conservés dans le trésor, et que l'on joignit aussi aux reliques de N. D. le corps de S. Just, qui était aux Carmélites de Chartres..

François - Simon *Mahay*, cordonnier, demeurant à Chartres, maison de l'ancien Palais, l'un des hommes du guet du clocher, a dit qu'il était aussi un des serviteurs de l'église à l'époque désastreuse de 1793; qu'il était présent à tout ce qui a été fait, et qu'il n'a rien à ajouter aux détails qui ont été donnés par *Enault*, lesquels il atteste vrais en tout leur contenu.

D'après ces déclarations, il a été ouvert une nouvelle fosse dans les directions indiquées par les sieurs *Delafoy*, *Enault* et *Mahay*. Cette ouverture, conduite jusqu'à la profondeur de cinq pieds, n'a produit aucun résultat.

Alors, à deux heures de l'après-midi, de nouveaux renseignemens indiqués par le nommé *Joseph*, ancien jardinier de la Préfecture, ont fait présager que le corps de S. Piat et les reliques des autres saints pouvaient avoir été déposés plus près du mur qui séparait le cimetière de S. Jérôme d'avec le jardin de l'Évêché, maintenant de la Préfecture.

On a envoyé chercher *Joseph*, lequel arrivé, a dit se nommer *Joseph* Boufflier, jardinier, demeurant à

Chartres ; que souvent *Minière*, décédé portier de la Préfecture, lui a montré l'endroit où les saints avaient été inhumés, et qu'il était assuré qu'en ouvrant la terre en cet endroit on retrouverait le corps de S. Piat avec les autres corps et reliques que l'on recherchait ; que lui-même avait planté un marronier sur cet endroit, et qu'il le reconnaissait.

On a mesuré cet endroit, et il s'est trouvé que d'après les renseignemens donnés par *Joseph*, la fosse devait avoir été ouverte à deux pieds de distance du mur séparant le cimetière de S. Jérôme d'avec le jardin de la Préfecture, et à environ quatre pieds de la tour de la chapelle de S. Piat.

M. *Hervé*, libraire à Chartres, est intervenu ; et à lui demandé s'il avait quelques renseignemens sur le lieu où S. Piat avait été inhumé, il a dit qu'il se souvenait très-bien d'avoir vu souvent la fosse dans laquelle on avait déposé le corps de S. Piat avec les ossemens et reliques qui étaient conservés dans le trésor de l'église cathédrale ; que c'était au bas de la tour de la chapelle de S. Piat, et à très-peu de distance du mur séparant le cimetière de S. Jérôme d'avec le jardin de la Préfecture ; qu'il l'a vu de la première fenêtre de la chapelle actuelle de la Préfecture qui était alors le bureau des archives du département; que M. *Gilles*, employé en ce bureau, le lui avait indiqué, et lui avait même dit que S....., alors maire ou officier municipal de Chartres, avait jeté le premier seau d'eau sur la chaux que l'on avait répandue sur les saints. Afin de rendre M. Hervé plus certain des renseignemens qu'il donnait, et vu les changemens survenus depuis dans le cimetière de S. Jérôme, il a été invité de se transporter dans la chapelle de la Préfecture, ce qu'il a fait avec M. l'abbé *Costé* ; et s'étant placé à la première croisée, il a reconnu l'emplacement par lui indiqué, et l'a déclaré à son retour. De plus, il a ajouté qu'il sait encore qu'il avait été fait inventaire de toutes les richesses de l'église et du trésor de N. D. ; qu'étant employé dans les bureaux du département, il en a fait quelques copies, mais ignore ce qu'elles sont devenues, ainsi que l'original.

M. le Préfet a fait écrire à M. Gilles, demeurant à Ouarville, commune de Lèves, afin de se transporter à Chartres, et donner les renseignemens qui sont à sa connaissance.

Christine-Suzanne Lecomte, veuve Minière, est aussi intervenne, et a déclaré que feu Minière, son mari, lui a souvent indiqué la fosse dans laquelle les saints avaient été inhumés ; qu'elle était au bas de la tour de S. Piat et à peu de distance du mur du cimetière, et qu'en faisant une ouverture au long de la tour, on parviendrait à découvrir le corps de S. Piat.

D'après ces renseignemens, nous avons arrêté qu'il serait fait une ouverture dans l'endroit indiqué par *Joseph*, M. *Hervé* et la veuve M*inière*.

Cette ouverture a été tracée à deux pieds de l'emplacement de l'ancien mur séparant le cimetière d'avec le jardin de la Préfecture, et à cinq pieds de la tour, dans une largeur de sept pieds sur une longueur de huit pieds.

Le travail s'est fait avec les plus grandes précautions. Entre cinq et six heures du soir, à trois pieds de profondeur, on a trouvé des fragmens de galons d'argent bien conservés, des fragmens d'étoffes de soie antiques et des ossemens desséchés, dont la blancheur a annoncé qu'ils n'étaient renfermés dans la terre que depuis peu d'années. On a également trouvé des fragmens de chaux qui, soumis à l'expérience par MM. les docteurs et par M. Badollier, ont prouvé qu'ils avaient échappé à l'action de l'eau. Les fouilles ont continué jusqu'à sept heures du soir dans les dimensions ci-dessus expliquées. L'ouverture a été couverte

avec des planches posées avec précaution, les grilles et
portes des jardins fermées avec soin, et les clefs remises
à la garde de l'huissier de la Préfecture ; et nous nous
sommes ajournés à demain vingt-deux Août, onze heures
du matin, à l'effet de continuer les opérations commencées,
et avons signé, à l'exception de *Darde*, de la v.ᵉ *Minière*
et *Mahault*, qui ont déclaré ne le savoir.

Ainsi signé après lecture faite.

(Suivent les signatures.)

Aujourd'hui vingt-deux Août mil huit cent seize, onze
heures du matin,

Nous, nommés et désignés en notre procès-verbal du
vingt de ce mois, réunis au désir de notre ajournement
du jour d'hier, à l'effet de continuer nos recherches, est
comparu le S.ʳ *Gilles*, arpenteur, demeurant à Ouarville,
commune de Lèves près Chartres,

Lequel a dit qu'il comparaissait au désir de la lettre de
M. le Préfet, en date du jour d'hier.

Invité de communiquer tous les renseignemens qu'il
pouvait avoir sur le lieu où le corps de S. Piat et les
autres reliques de la cathédrale avaient été inhumés,

A dit qu'il n'était point présent à l'inhumation du corps
de S. Piat et des autres reliques ; qu'à la vérité étant alors
employé dans les bureaux de la municipalité de Chartres,
il fut envoyé pour rédiger le procès-verbal de la spoliation
de l'église cathédrale ; qu'il est à sa connaissance que les
châsses ont été violées et profanées ; que depuis, ayant
été employé aux archives du département, il a vu souvent
le lieu où S. Piat et les autres saints et reliques de la
cathédrale avaient été déposés ; qu'il les voyait d'une
croisée ayant vue sur le cimetière de S. Jérôme ; que ces
archives étaient alors dans la chapelle actuelle de la Préfecture, que la fosse était à peu de distance du mur qui

séparait le cimetière de S. Jérôme d'avec le jardin de la Préfecture, au long et à quelque distance de la tour de l'église S. Piat, dans l'endroit où est l'ouverture commencée; que de plus il sait que S......, alors officier municipal ou maire, a jeté le premier seau d'eau sur la chaux répandue dans cette fosse.

Les fouilles ont continué à l'entour de l'endroit sur lequel tous les indices annonçaient que reposait le corps de S. Piat. On a trouvé de la chaux calcinée, une grande quantité d'ossemens dessechés et conservant encore leur blancheur, beaucoup de fragmens d'étoffes de soie, de reliquaires en ivoire et autres.

Le tout a été recueilli et déposé en diverses caisses.

A une heure et demie les ouvriers, parvenus à la profondeur de cinq pieds, ont découvert le corps du saint martyr.

Ayant enlevé avec les plus grandes précautions les terres qui couvraient et entouraient cette sainte relique, le corps a été retrouvé en son entier, couché sur le dos, et tel que *Darde* et *Hargault* ont attesté l'avoir posé.

La mesure du corps ayant été vérifiée, a été reconnue être de cinq pieds deux pouces, depuis la tête jusqu'aux pieds.

Les pieds étaient du côté du mur séparant le cimetière de S. Jérôme d'avec le jardin, à la distance de deux pieds, et à cinq pieds de la tour de la chapelle de S. Piat.

La tête non endommagée et conservant sa blancheur, reposant sur les épaules et jointe au corps, les deux mâchoires supérieure et inférieure non séparées encore et ayant toutes les dents, moins une molaire. L'intérieur du corps rempli de matières balsamiques. Le bras droit et la main posés sur la poitrine, et le bras gauche au long du corps. Les pieds encore enveloppés de beaucoup d'étoffes, tant linge que soie. Le corps entouré d'une grande quantité des mêmes étoffes tant dessous que dessus et aux côtés. Le côté droit intact, mais le côté gauche endommagé par l'action de la chaux qui a noirci et presque calciné cette partie, depuis l'épaule jusqu'à la hanche gauche, laquelle chaux était d'une épaisseur de quatre à cinq pouces, très-compacte et très-mastiquée, et avait agi avec tant de violence, que les vêtemens de ce côté en ont été brûlés sans être entièrement divisés ni consumés. Les nerfs et les fibres qui faisaient la jonction de tous les membres et de tous les ossemens se sont trouvés sans action par l'effet de l'humidité, mais sans avoir occasionné aucun changement dans la position du corps.

Vérification a été faite avec la plus scrupuleuse exactitude et la plus grande sévérité, de tous les renseignemens, indices et documens que la tradition, les manuscrits et les dépositions des témoins entendus en l'enquête et pendant le cours des opérations, ont procurés sur l'état du corps du saint martyr.

Et après y avoir procédé avec le soin le plus religieux, toutes les opinions se sont accordées à l'unanimité pour reconnaître le corps du bienheureux S. Piat et en attester l'identité avec celui que l'impiété la plus téméraire et la plus audacieuse avait profané dans ses fureurs, en l'arrachant de la châsse où il était conservé dans le trésor de l'église cathédrale de Chartres.

Ensuite on a essayé de lever le corps du saint martyr en son entier ; mais, malgré les plus grandes précautions et les soins les plus empressés, il a été impossible d'y réussir. Alors on a descendu dans la fosse la caisse dont est question au procès-verbal du vingt de ce mois. Il a été posé dans toute sa longueur un coussin de velours cramoisi et un oreiller en damas cramoisi et fleuri de diverses couleurs, qui ont été recouverts d'un linceuil de taffetas blanc et d'une nappe de toile blanche dans laquelle les ossemens du saint martyr ont été déposés avec le plus grand respect, et dans toute la longueur qu'ils avaient sur la terre, par MM. *Niel*, *Cosme* et *Badollier*.

Ces saintes reliques ont été couvertes avec le linge et le taffetas ; la caisse a été fermée de son ancien couvercle et portée avec un silence religieux dans la chapelle de l'hôtel de la Préfecture, où elle a été posée sur deux bancs en face de l'autel, et scellée par nous, en présence d'un grand nombre de fidèles, de huit bandes de papier blanc sur chacune desquelles ont été apposés deux cachets en cire rouge, l'un sur le couvercle et l'autre sur les bouts et les côtés, savoir :

Trois bandes par M. le Préfet, avec le cachet de la Préfecture ;

Deux par M. le maire de Chartres, d'un cachet portant son chiffre, dont l'une est à la tête du saint ;

Deux par M. *Lesage*, curé de Saint-Pierre, d'un cachet armoirié ;

Et une par M. *Maillard*, curé de Notre-Dame, d'un cachet portant une *M.*

Les autres ossemens, reliques, fragmens d'étoffes et autres, trouvés dans la fosse de S. Piat, recueillis précieusement et déposés dans cinq caisses de diverses grandeurs, comme ayant bien réellement fait partie des reliques conservées dans les châsses et reliquaires du trésor de la cathédrale de Chartres, ainsi qu'il est attesté par les renseignemens, les indices et les dépositions des témoins entendus en l'enquête, de ceux entendus pendant les présentes opérations, et par MM. *Niel*, *Cosme* et *Badollier*, ont été aussi réunis dans la chapelle de la Préfecture, et scellés, savoir : trois avec une corde, et deux avec chacune une bande de papier ; et sur le tout ont été

posés des cachets en cire rouge portant l'empreinte de
celui de la Préfecture.

Toutes les opérations énoncées au présent se sont faites
en présence d'un nombre infini de fidèles placés dans toutes
les galeries de l'église Notre-Dame, ayant vue sur l'ancien
cimetière de S. Jérôme, qui se sont succédés sans inter-
ruption pendant les trois jours employés à la recherche
du saint martyr.

Enfin, les cloches de l'église Notre-Dame se sont fait
entendre pour annoncer au peuple l'heureuse découverte
de ces précieuses reliques, au moment où elles ont été
déposées dans la chapelle de la Préfecture.

Il a été arrêté à l'unanimité que copie entière du présent
procès-verbal et des pièces y annexées serait adressée à
M.ᵍʳ l'évêque de Versailles, et qu'il serait instamment
supplié de rendre au culte, à la piété et à la vénération
des fidèles, les reliques de S. Piat recouvrées avec un
bonheur si inespéré, ainsi que les ossemens et reliques des
autres saints inhumés avec le corps du saint martyr ; et à
cet effet, d'ordonner la translation des ossemens de S. Piat
dans une châsse pour ce préparée, et avec les cérémonies
et prières d'usage, et la translation des ossemens et reliques
des autres saints dans une autre châsse pour ce préparée,
et avec les cérémonies et prières d'usage ; que pour plus
de solennité, cette translation soit célébrée tous les ans,
afin de perpétuer la mémoire de l'heureuse découverte de
ces saintes reliques, et devenir une fête d'expiation de tous
les sacriléges commis envers les choses saintes dans l'église
cathédrale de Chartres.

Expéditions du présent seront remises à M. le Préfet,
à MM. les membres du conseil épiscopal, à M. le maire
de Chartres, et à tous ceux qui le désireront.

Le présent sera déposé dans les archives de la Préfecture.

Fait, clos et arrêté en l'hôtel de la Préfecture, à huit

heures du soir, les jours et an ci-dessus ; et avons signé à l'exception de *Darde*, de la veuve *Minière* et *Mahault*, qui ont déclaré ne le savoir.

Ainsi signé après lecture faite.

(Suivent les signatures).

Pour expédition :

HÉRISSON , *secrétaire.*

Chartres , le 22 Août 1816.

LES soussignés , Docteurs en médecine , domiciliés à N.° 4. Chartres , assistés de M.ᵉ *Badollier*, pharmacien , domicilié à Chartres , tous trois convoqués par M. le Comte de Breteuil , Préfet du département d'Eure et Loir , Maître des Requêtes , Chevalier de l'Ordre royal de la Légion d'honneur , à l'effet d'assister à l'exhumation du corps de S. Piat enterré dans une partie des jardins de la Préfecture , certifient à qui il appartiendra qu'ils ont été , pendant trois jours consécutifs, témoins des fouilles et travaux qui ont eu lieu dans la partie desdits jardins occupée par le cimetière de S. Jérôme ; que les deux premiers jours les fouilles n'ont fait trouver que des os épars , dont l'origine est inconnue , et qu'on a recueillis avec soin ; que le troisième jour , sous une couche de terre de deux à trois pieds d'épaisseur , plantée de différens arbres , et spécialement d'un marronier et d'un acacia , ils ont rencontré un grand nombre d'ossemens humains déposés sans aucune régularité , des morceaux d'ivoire diversement travaillés , des bois dorés aussi diversement travaillés , une petite fiole entière , et d'autres fragmens de verre ; le tout sur un banc de terre calcaire , au-dessous , ou , pour mieux dire , à côté duquel ils ont découvert un corps entier , dont la tête seule était à nu , et les autres parties couvertes de linges de différens tissus et de couleurs différentes ; qu'on a fait des efforts inutiles pour l'enlever dans son entier ; que , malgré les précautions prises pour enlever la chaux et couper les petites racines qui avaient traversé le corps , ils ont été obligés de l'enlever partiellement , et que le résultat de cet enlèvement partiel a fait voir une tête armée de ses deux mâchoires et de toutes les dents , moins une molaire droite , un os hyoïde , deux clavicules , un sternum , toutes les vertèbres , toutes les côtes du côté droit , tous les os du bassin , moins le coccix , deux fémur , deux rotules , deux tibia , deux péronés , deux calcaneum , un astragale , deux omoplates , la gauche à demi-charbonnée , un humerus droit , un cubitus , un radius droit , tous les os de la main droite , quatre os des dernières phalanges implantés dans un bloc de chaux ; que toutes les côtes gauches et les os du bras et avant-bras gauche , plus ou moins calcinés , charbonnés , n'ont été trouvés que par fragmens plus ou moins reconnaissables ; qu'ensuite ils ont replacé tous ces différens os dans une boîte destinée à les recevoir , et dans un ordre aussi naturel qu'il a été possible de le faire , avec la précaution d'enfermer avec eux les linges , les chairs charbonnées et les divers matériaux d'embaumement qu'il a été facile de distinguer ; après quoi ils ont signé , pour servir et valoir par-tout où besoin sera.

Chartres , le 22 Août 1816.

Niel , D. M. ; Cosme , D. M. ; Badollier.

CEJOURD'HUI vingt-huit Août mil huit cent seize , nous N.° 5. dénommés en notre procès-verbal du vingt-deux du présent mois , réunis en l'hôtel de la Préfecture , sous la présidence de M. HACHE-SERVANT , commissaire délégué par M. le Préfet , et en l'absence de M. le Préfet , M. *Hérisson* a donné lecture d'une lettre , en date du vingt-six de ce mois , que M. le Préfet lui a fait l'honneur de lui adresser , et par laquelle il annonce que la fête de S. Louis ayant empêché que les copies du procès-verbal ne fussent faites pour son départ , il lui est impossible de le remettre à Mgr l'évêque , et nous invite de décider un autre mode le plus convenable pour l'envoi de ce procès-verbal.

Nous avons arrêté qu'une députation de deux membres se transporterait à Versailles , à l'effet de remettre à Mgr l'évêque la copie de notre procès-verbal avec celle des pièces y jointes , et de le supplier de rétablir le culte de S. Piat avec la plus grande solennité , et de le restituer à la vénération des fidèles et aux vœux de nous et de tout le peuple du pays chartrain.

Nous délibérans avons exprimé nos regrets de ce que les circonstances n'ont pas permis à M. le Préfet de remettre lui-même le procès-verbal à Mgr l'évêque , ainsi qu'il en avait été par nous invité , et avons à l'unanimité nommé MM. l'abbé ACHER et LE TEXIER - MONTAINVILLE pour commissaires , aux fins ci-dessus exprimées , lesquels ont accepté.

Une expédition du présent sera délivrée à MM. les commissaires.

A Chartres , les jour et an ci-dessus , et avons signé après lecture faite.

Pour expédition :

HÉRISSON , *secrétaire.*

N.º 6.   ORDONNANCE DE M.ᵍʳ L'ÉVÊQUE.

Louis CHARRIER DE LA ROCHE, par la Providence divine et l'autorité du saint Siége apostolique, évêque de Versailles.

Vu par nous la copie en forme et dûment authentique du procès-verbal de l'exhumation et découverte de S. Piat irréligieusement déposé en un lieu profane, pendant la révolution, et qui, à l'invitation de M. le Comte de Breteuil, Préfet du département d'Eure et Loir en notre diocèse, a été heureusement et presque miraculeusement retrouvé à-peu-près tel qu'il était lorsqu'il fut enlevé du lieu où il était religieusement déposé depuis plusieurs siècles, et exposé à la vénération des fidèles de la ville de Chartres et de tous les environs ;

Vu la religieuse confiance des fidèles dans la protection du saint auprès de Dieu, et avant d'en ordonner le rétablissement avec les solennités convenables, lorsque nous aurons plus particulièrement pris connaissance des détails contenus audit procès-verbal ;

Vu le malheur du temps qui dérange depuis si long-temps la saison et menace les récoltes ;

Vu aussi la piété et la juste confiance des fidèles dans la protection du saint qu'ils honorent avec une foi si vive,

Nous avons permis et ordonné, permettons et ordonnons que le susdit corps de S. Piat soit provisoirement déposé dans l'église de Notre-Dame de Chartres, en un lieu décent et favorable pour le concours des fidèles, lequel sera désigné par notre conseil épiscopal de Chartres, à l'effet d'y implorer chaque jour la miséricorde divine par la protection du saint, et obtenir la cessation du fléau qui nous désole, par les prières, et sur-tout la réformation des mœurs et le renouvellement de la piété, qui seuls peuvent les rendre efficaces pour le succès de nos vœux et la concession des grâces si nécessaires dans les circonstances aux besoins de la société.

Donné à Versailles, sous notre seing, le sceau de nos armes et le contre-seing du secrétaire de notre Évêché, le 4 Septembre 1816.

Louis, évêque de Versailles.

Par mandement,

Chauvet,
Prêtre-secrétaire.

Aujourd'hui sept Septembre mil huit cent seize, onze heures du matin, en l'hôtel de la Préfecture,

Sous la présidence de M. Hache-Servant *(Jacques-Michel)*, conseiller de Préfecture, commissaire délégué par M. le Comte de Breteuil, Préfet d'Eure et Loir, Maître des requêtes, Chevalier de l'Ordre royal de la Légion d'Honneur, et en son absence, se sont réunis, d'après les lettres de convocation à eux adressées,

MM.

Maillard *(Augustin)*, curé de la paroisse de Notre-Dame de Chartres ;

Lesage *(Jean-Baptiste)*, curé de la paroisse de Saint-Pierre de Chartres ;

Cognery *(Louis-Pierre)*, prêtre ;

Tous trois membres du conseil épiscopal ;

Acher *(Joseph-Jacques-Sylvestre)*, ancien chanoine de Notre-Dame de Chartres ;

Costé *(Louis-Jacques)*, ancien aumônier de M.gr l'évêque de Chartres ;

Hérisson *(Charles-Claude-François)*, avocat, suppléant du tribunal civil et de la justice de paix du canton nord de Chartres ;

LATOUR *(Charles-François)*, homme d'affaires ;

DE GOGUÉ *(Jacques-Armand-François)*, comte de Gogué, chevalier de l'Ordre royal et militaire de St.-Lazare, ancien capitaine au régiment Royal-Navarre cavalerie ;

Tous cinq commissaires nommés par MM. les membres du conseil épiscopal ;

BILLARD SAINT-LAUMER *(Dominique-Laumer)*, maire de la ville de Chartres ;

CHASLES *(Pierre-Claude)*, premier vicaire de l'église paroissiale de N. D. de Chartres ;

BOUVET *(Jean-Tite-Eloi)*, doyen des notaires de Chartres ;

Tous trois commissaires nommés par M. le Préfet ;

BADOLLIER *(Jean-Baptiste-Victor)*, pharmacien ;

NIEL *(Jean-César-Justin)*, docteur en médecine et chirurgie, membre de l'ancienne Académie de médecine de Paris, chevalier de l'Ordre royal de la Légion d'honneur ;

COSME *(Richard-Augustin)*, docteur en médecine, et médecin des hôpitaux de Chartres ;

Pantaléon *Darde* et Pierre-Louis *Hargault* ;

Le chevalier DE ST.-VICTOR, secrétaire général de la Préfecure d'Eure et Loir ;

MASSON *(Louis-Charles)*, conseiller de Préfecture, l'un des administrateurs de la fabrique de l'église de N. D. de Chartres ;

DAUPHINOT *(Martin)*, l'un des administrateurs de la fabrique de l'église de N. D. de Chartres.

M. HACHE a exposé qu'il lui avait été remis cejourd'hui par M. *Cognery*, membre du conseil épiscopal, une copie certifiée d'un arrêté pris par Mgr l'évêque de Versailles, le quatre de ce mois, signé de lui, scellé et contresigné *Chauvet*, prêtre-secrétaire, par lequel, vu la copie en forme et dûment authentique du procès-verbal d'exhumation et découverte de S. Piat, à l'invitation de

M. le Comte de Breteuil, Préfet d'Eure et Loir ; vu la confiance des fidèles, le malheur du temps qui dérange la saison et menace les récoltes ; vu aussi la piété et la juste confiance des fidèles, il permet et ordonne que le corps de S. Piat soit provisoirement déposé dans l'église de N. D. de Chartres, à l'effet d'implorer chaque jour la miséricorde divine par la protection du saint, et obtenir la cessation du fléau qui nous désole ; duquel lecture va être faite, et dont la copie sera annexée au présent. Ensuite il a demandé qu'il soit pris arrêté pour que le corps de S. Piat soit transporté de la chapelle de la Préfecture dans l'église de N. D. de Chartres, afin d'y être exposé à la vénération des fidèles, et cela après reconnaissance faite des sceaux existans sur la caisse où les reliques du saint martyr sont renfermées, et avec les précautions que l'on croira convenables, et toute la solennité possible.

Lecture faite de l'ordonnance de M.ᵍʳ l'évêque, nous délibérans avons arrêté que nous nous transporterions en la chapelle de la Préfecture, où étant arrivés, avons trouvé la caisse dans laquelle est déposé le corps de S. Piat, dans la même position que celle exprimée en notre procès-verbal du vingt-deux Août dernier ; avons vérifié les huit bandes de papier que nous avons trouvées intactes ; avons vérifié les cachets apposés sur ces bandes de papier, et les avons trouvés sains et entiers. Après quoi avons posé trois bandes de ruban blanc retenues chacune avec un clou sur la caisse, et une autre bande du même ruban, retenue aussi avec deux clous dans toute la longueur de la caisse, lesquelles entourent la caisse tant dessus que dessous, et y avons apposé cinq cachets, savoir : un à chacune des trois bandes transversales, et deux à la bande de longueur, dont un sur le couvercle et l'autre sur le bout, du côté de la tête du saint martyr ; lesquels cachets portent l'empreinte de celui de la Préfecture.

Ensuite il a été posé deux bandes de toile pour garantir et conserver les sceaux.

On a posé sur la boîte des ornemens en velours cramoisi galonnés en or, et une couronne de fleurs avec une autre couronne dorée.

Enfin, il a été arrêté que la caisse renfermant le corps de S. Piat serait transférée avec la plus grande solennité, accompagnée du clergé de Notre-Dame, en surplis et chapes, en l'église de Notre-Dame, où elle sera déposée en la chapelle dite autrefois des Chevaliers, la première après les fonts baptismaux, laquelle est close d'une grille fermant à clef, pour y être exposée sur l'autel à la vénération et à la piété des fidèles, afin d'obtenir, par l'intercession du saint martyr, la cessation du fléau qui désole nos moissons; que des cierges seront allumés pendant le jour dans la chapelle, et qu'une lampe sera allumée pendant la nuit devant le corps de S. Piat; et que les cloches de l'église de Notre-Dame annonceront au peuple l'exposition du corps de S. Piat.

De plus, il a été arrêté qu'il sera établi en l'église de Notre-Dame deux gardiens chargés spécialement de surveiller, avec le plus grand soin, les précieuses reliques du saint martyr, jusqu'à ce que sa translation ait été ordonnée par Mgr l'évêque dans la châsse qui lui sera préparée, et qu'elle ait été effectuée; enfin, que les clefs de la chapelle où S. Piat est déposé, seront remises à M. l'abbé *Costé*, pour les représenter lorsqu'il en sera requis.

A midi, le clergé de Notre-Dame, auquel s'est réuni celui de l'église de Saint-Pierre, est arrivé en surplis et chapes; et étant entré dans la chapelle de la Préfecture, M. *Verguin*, grand-vicaire de Mgr l'évêque, et directeur du séminaire de Versailles, officiant, a dit les prières d'usage; ensuite le corps du saint martyr a été porté processionnellement par quatre séminaristes en l'église de Notre-Dame, dans laquelle il a été exposé, sur l'autel de la chapelle ci-dessus énoncée, à la piété et à la vénération des fidèles.

Après les prières d'usage, la chapelle a été fermée à clef, et la clef remise à M. l'abbé *Costé*, qui s'en est chargé.

Les ossemens et reliques dès saints déposés dans cinq caisses, ainsi qu'il est exprimé en notre procès-verbal du vingt-deux Août dernier, sont restés déposés dans la chapelle de la Préfecture, jusqu'à ce que Mgr l'évêque de Versailles en ait ordonné.

Fait et arrêté les jour et an ci-dessus, et avons signé après lecture.

(*Suivent le signatures*).

Pour expédition :

Hérisson, *secrétaire.*